LE
PARADIS RECONQUIS

OU

LA TENTATION DE JÉSUS AU DÉSERT

Poème de MILTON

Traduit de l'anglais par Louis VAUCHER

Professeur à Genève

PARIS
CHEZ JOEL CHERBULIEZ, LIBRAIRE,
RUE DE LA MONNAIE, 10.

1859

LE PARADIS RECONQUIS

VERSAILLES. — IMPRIMERIE CERF, RUE DU PLESSIS, 59.

LE

PARADIS RECONQUIS

OU

LA TENTATION DE JÉSUS AU DÉSERT

Poème de MILTON

Traduit de l'anglais par Louis VAUCHER

Professeur à Genève

PARIS
CHEZ JOEL CHERBULIEZ, LIBRAIRE
RUE DE LA MONNAIE, 10

1859

LE PARADIS RECONQUIS

OU

LA TENTATION DE JÉSUS AU DÉSERT

Poème de MILTON

Traduit de l'Anglais, par Louis VAUCHER

professeur à Genève

AVANT-PROPOS.

Le poème du *Paradis reconquis*, qui a pour sujet la tentation de Jésus au désert, a été longtemps mis au rebut, comme le produit d'une imagination fatiguée ou épuisée, et par conséquent il a trouvé en Angleterre peu de lecteurs, et n'a eu en France, jusqu'à présent, aucun traducteur à nous connu. Voici le jugement qu'en porte M. de Pongerville dans la notice mise en tête de son excellente traduction du *Paradis perdu*: « Milton, dont l'ardente imagination n'était point lassée par l'âge, composa, après la publication du *Paradis perdu*, quelques poèmes, acheva un dictionnaire latin et créa le *Paradis retrouvé*. Vaine fécondité ! les richesses de son génie s'étaient entassées dans sa première épopée ; il ne lui était plus permis de se montrer prodigue. Son goût vieilli donnait toutefois la préférence à sa dernière œuvre ;

on sait que les fruits de la vieillesse sont les plus chers à la faiblesse d'un père ; mais cette prédilection ne trompe que lui-même. Qu'importe, après tout, la valeur des autres ouvrages de Milton ? Rien ne peut élever, rien ne peut abaisser le grand nom du chantre de l'Eden. »

M. Villemain, dans ses *Discours et Mélanges littéraires*, dont la seconde édition a paru en 1823, et où se trouve une notice remarquable sur Milton, s'exprimait ainsi : « Ce génie ne respirait plus dans le *Paradis reconquis*, poème en quatre chants, que Milton composa comme une suite de son grand ouvrage, et qui tomba d'abord dans l'oubli profond où il est resté. » Mais, dans son *Choix d'études sur la littérature contemporaine*, publié en 1857, l'habile et spirituel critique répare cette appréciation mal fondée : « M. de Châteaubriand, dit-il, page 280, fait remarquer avec quelle simplicité l'auteur du *Paradis perdu* continua de publier, comme par le cours ordinaire de ses études, d'autres travaux de poésie, d'histoire et d'érudition ; mais il ne dit pas assez quelle force originale et touchante, quel charme de poésie naïve est encore attaché au *Paradis reconquis*. Nous ne prétendons pas que ce soit l'*Odyssée* de cet Homère ; nous n'appliquerons pas de nouveau la belle comparaison de Longin (1) sur le soleil couchant et sur le reflux de l'Océan ; mais à nos yeux, il y a dans le *Paradis reconquis* des beautés égales au quatrième chant du *Paradis perdu*, à ce chant dont Voltaire a dit : « Comme il n'y avait pas d'exemple d'une pareille innocence, il n'y en eut jamais d'une pareille poésie. »

Enfin, un juge qui doit être aussi entendu, puisqu'il fait

---

(1) Il faut espérer que notre scrupuleux Aristarque, s'il veut bien prendre la peine de relire le *Traité du sublime* et de le comparer aux écrits authentiques de Longin, changera aussi d'avis et reconnaîtra avec nous que la riche imagination et la chaleureuse éloquence, qui brillent dans le premier ouvrage, n'étaient pas le partage du critique distingué qui a composé les autres. (*Note du trad.*)

connaître l'opinion actuelle de ses compatriotes, M. Macaulay, dans ses *Essais critiques et historiques* (1), rend également un hommage sincère, quoique tardif, au génie qui resplendit encore dans le dernier poëme de l'Homère anglais : « Parmi les diverses productions de moindre étendue qui sont dues à la féconde imagination de Milton, il en est quelques-unes sur lesquelles nous aurions voulu faire quelques remarques. Nous aimerions surtout entrer dans un examen détaillé de cet admirable poëme, le *Paradis reconquis*, qui, par une étrange méprise, est presque toujours cité comme un exemple de l'aveugle prédilection que les gens de lettres montrent pour les productions tardives de leur génie. Nous admettons facilement que Milton s'est trompé en préférant cette œuvre, tout excellente qu'elle soit, au *Paradis perdu*; néanmoins nous sommes convaincu que la supériorité du *Paradis perdu* sur le *Paradis reconquis* n'est pas plus décisive que celle de ce dernier poëme sur lequel que ce soit de ceux qui ont été publiés depuis. Mais les limites que nous nous sommes prescrites ne nous permettent pas de discuter cette opinion avec les développements qu'elle exige. »

C'est sans doute à son titre, qui, en rappelant le chef-d'œuvre de Milton, et en provoquant ainsi une comparaison dangereuse, a trompé les lecteurs, qu'il faut attribuer en grande partie le discrédit dans lequel le *Paradis reconquis* est resté si longtemps. La tentation de Jésus au désert ne pouvait donner lieu à des développements aussi riches, aussi variés, d'un intérêt aussi général que la description des enfers, le tableau du bonheur d'Eden, le récit de la faute et de la punition de nos premiers parents, etc.; de plus, le personnage de Satan, qui joue encore dans le second poëme un rôle important, devait nécessairement pâlir en présence du caractère de Jésus, et ne pouvait ni inspirer

(1) Tom. 1, p. 117, édit. de Tauchnitz.

la même admiration, ni captiver au même degré l'intérêt des lecteurs, car il devait rester semblable à lui-même, et, d'un autre côté, échouer dans sa tentative.

Mais, lorsqu'on s'est rendu compte des ressources que présentait le sujet, et des conditions qu'il imposait à l'auteur, on ne peut, en lisant son œuvre, qu'être émerveillé de la richesse d'invention qu'il a déployée dans une matière aussi circonscrite, et de la fécondité de son imagination, qui lui offre encore tant de tableaux riants ou terribles, et tant de descriptions brillantes ou pompeuses. Qui n'admirerait, soit la profonde connaissance du cœur humain, qui le fait pénétrer dans les derniers replis de l'astuce du tentateur, soit la pure et sublime idée qu'il s'est faite du caractère de Jésus, de son obéissance absolue à la volonté divine, de son miséricordieux dévouement pour le salut de ses frères? Qui ne serait frappé des vues saines et étendues du grand poète sur la puissance de Rome et sur celle des Parthes, sur la politique qui devait prévaloir à cette époque, de son érudition éclairée, et de son habileté à saisir les caractères du génie hellénique pour l'opposer au génie hébraïque et oriental? D'autre part, bien que le sujet ne lui fournît guère l'occasion de faire appel au sentiment, et qu'ainsi il fût condamné à une certaine froideur, il a su néanmoins nous dévoiler le cœur de la mère du Sauveur, et nous y faire lire les émotions, les joies, les inquiétudes, la confiance de cette femme pieuse et modeste; il nous a entr'ouvert l'intérieur de cette sainte demeure. Il peint aussi avec une touchante sympathie l'attente anxieuse et les vives espérances qu'avait excitées l'apparition de Jésus parmi la foule, qui accourait auprès de Jean-Baptiste, et le témoignage céleste qui lui avait été rendu. Enfin, l'intérêt du lecteur est soutenu par une agréable variété de figures, de comparaisons, de tableaux, de scènes calmes, imposantes ou orageuses; par la vie et le mouvement, par les péripéties inattendues que l'auteur a su introduire dans les entretiens de ses deux personnages; par la flexibilité perfide, le respect hypocrite, la diversité des attaques et des séductions de Satan, qui contrastent avec la majesté calme, la sagesse, la fermeté, la franchise, la noble indignation des réponses du Sauveur.

En résumé, on peut dire qu'il y a dans le *Paradis perdu* plusieurs chants inférieurs à ceux du *Paradis reconquis*, dans lequel on remarque moins d'inégalité. Mais nulle part, dans ce poème, Milton ne s'élève à la sublimité qui distingue quelques-uns des chants de son œuvre immortelle; nulle part il n'y déploie cette grâce naïve, cette fraîcheur d'imagination qui fait du quatrième un chef-d'œuvre inimitable.

CHANT PREMIER

C'est moi qui chantai autrefois ce jardin, séjour du bonheur, perdu par la désobéissance d'un seul; je chante aujourd'hui le Paradis, rendu à toute la race humaine par la ferme obéissance d'un homme pleinement éprouvé par des tentations de tout genre; je raconterai comment, après avoir échoué dans toutes ses ruses, le Tentateur fut vaincu et repoussé, et comment l'Eden reparut au milieu du vaste désert.

O toi, Esprit céleste, qui conduisis ce glorieux ermite dans le désert qui devait être témoin de sa victoire, à la rencontre de l'ennemi spirituel, et qui l'en ramenas après qu'il eut donné des preuves indubitables qu'il était le Fils de Dieu, inspire, comme tu es accoutumé de le faire, mes nouveaux chants, qui, sans toi, resteraient muets; transporte-moi à travers les abîmes de l'univers, afin que, soutenu de tes ailes favorables, je puisse rapporter des actions supérieures à tout héroïsme, qui, bien qu'accomplies en secret, et laissées dans l'oubli durant tant de siècles, sont néanmoins si dignes d'être l'objet de nos chants.

Le grand Précurseur, d'une voix plus imposante que le son de la trompette, avait proclamé la repentance, et annoncé que le règne de Dieu était à la portée de tous ceux qui recevaient le baptême ; les habitants des contrées voisines, saisis d'une crainte religieuse, accouraient en foule pour être baptisés ; avec eux vint de Nazareth, sur les bords du Jourdain, celui qui passait pour le fils de Joseph. Il venait alors obscur, inconnu, non remarqué ; mais Jean-Baptiste, divinement averti, le reconnut bientôt, et lui rendit témoignage comme à son supérieur, plus digne que lui des hommages de la foule ; il aurait même voulu résigner entre ses mains son divin ministère. Ce témoignage ne tarda pas à être confirmé : le ciel s'ouvrit sur la tête de celui qui venait d'être baptisé, l'Esprit descendit sous la figure d'une colombe, tandis que la voix du Père, du haut des cieux, le proclamait son Fils bien-aimé. Cette parole fut entendue de l'ennemi qui, rôdant sur la terre, ne pouvait être venu le dernier à cette glorieuse assemblée. Consterné au son de la voix divine, il contempla pendant quelques instants, avec surprise, l'homme glorifié à qui venait d'être donné un titre si auguste. Dévoré d'envie et de rage, il prend aussitôt son vol à travers les airs, et se rend dans son empire, où il assemble en conseil tous ses puissants pairs, sombre consistoire qui siége entouré de dix couches d'épaisses et noires nuées ; alors, au milieu d'eux, la crainte et la tristesse peintes sur ses traits, Satan parla ainsi :

O anciennes puissances de l'air et de ce vaste monde ; car je parle bien plus volontiers de l'air, notre noble conquête, que de l'enfer, notre odieuse demeure ; vous savez depuis combien de siècles, qui sont pour nous comme les années des hommes, nous possédons cet univers, et nous dirigeons à notre gré les affaires de la terre, après qu'Adam et sa trop facile compagne, trompée par moi, ont perdu le Paradis. Dès lors j'attendais avec crainte l'heure où ce coup fatal devait m'être porté à la tête par la semence d'Ève. L'accomplissement des décrets du ciel tarde longtemps, car la plus longue durée est courte pour lui ; et maintenant, trop tôt pour nous, la succession des heures a amené le moment redouté où nous devons sentir l'effet de cette menace. Ce coup, il faut l'amortir, si nous le pouvons, sous peine de voir toute notre puissance ébranlée à sa base, et de perdre notre liberté et notre droit de présence dans ce bel empire de l'air et de la terre que nous avons conquis. En effet, je vous apporte de fâcheuses nouvelles : le rejeton de la femme destiné à accomplir cet acte a récemment vu le jour. Déjà sa naissance avait donné de graves motifs à notre juste crainte : parvenu maintenant à la pleine fleur de la jeunesse, déployant toute sorte de vertu, de grâce et de sagesse, de manière à réaliser en lui le plus sublime, le plus grand des êtres qui aient jamais porté le nom d'homme, il redouble mes appréhensions. Un grand prophète a été envoyé avant lui, tel qu'un héraut, pour annoncer sa venue ; il appelle tout le monde, et prétend laver tous les péchés dans les eaux consacrées du fleuve, afin de préparer ses néophytes, ainsi purifiés, à recevoir cet être sans tache, ou plutôt à l'honorer comme leur roi. Tous accourent ; lui-même, comme les autres, a été baptisé, non pour être purifié, mais pour recevoir le témoignage du ciel, afin que dès lors les nations ne puissent douter de son divin caractère. J'ai vu le prophète l'accueillir avec respect comme son supérieur ; j'ai vu, lorsqu'il sortait de l'eau, le ciel par-dessus les nuages ouvrir ses portes de cristal, et une colombe merveilleuse en descendre sur sa tête, et j'ai entendu la voix souveraine venant des cieux prononcer ces paroles : « C'est ici mon Fils bienaimé, en qui j'ai mis mon affection. » Sa mère est donc mortelle ; mais son Père est celui qui occupe le trône du ciel ; et que ne fera-t-il pas pour favoriser son Fils, son premier-né? Nous le connaissons, et nous avons senti sa force quand son terrible tonnerre nous précipita dans l'abîme. Il faut que nous sachions qui est celui-ci, car dans tous ses traits il semble être un homme, bien que les rayons de la gloire de son Père resplendissent sur sa face. Vous le voyez, notre danger est extrême, et ne saurait admettre de longs débats. Il faut y opposer promptement quelque sérieux obstacle, non par la force, mais par une ruse bien secrète, par un piége bien ourdi, avant que, à la tête des nations, paraisse leur roi, leur chef, le maître suprême sur la terre. Comme nul autre ne l'osa, ce fut moi qui autrefois entrepris la dangereuse expédition destinée à découvrir et à perdre Adam, et j'accomplis alors heureusement ma tâche ; le voyage que j'ai à faire aujourd'hui est moins périlleux, et, puisque j'ai trouvé une première fois la voie du succès, je puis concevoir la meilleure espérance de réussir de nouveau.

Il se tut, et ses paroles produisirent une grande surprise sur la population infernale, troublée et saisie d'une profonde consternation à ces fâcheuses nouvelles ; mais on ne pouvait se livrer longtemps à ces craintes et à ces regrets. D'une voix unanime, on confia le soin et la conduite de cette grave entreprise à lui, le grand dictateur, dont la première attaque contre l'humanité avait si bien préparé le désastre d'Adam, et qui, des cavernes de l'enfer aux voûtes élevées, avait transporté ses complices dans le riant séjour de la lumière, où ils étaient devenus gouverneurs, potentats, monarques, et même dieux de maint beau royaume et de vastes provinces.

Ainsi, Satan, armé de toutes les ruses du serpent, dirige légèrement ses pas vers les bords du Jourdain ; c'est là qu'il doit probablement rencontrer ce Messie nouvellement annoncé, ce fils de l'homme déclaré fils de Dieu, sur lequel il doit essayer toutes ses ruses et tous ses moyens de séduction, afin de perdre celui qu'il soupçonne d'avoir été envoyé sur la terre pour mettre fin au règne dont il jouissait depuis si longtemps. Ses efforts furent vains ; bien plus, il accomplit malgré lui le dessein conçu, préordonné et arrêté du Très-Haut, qui, au milieu de la glorieuse assemblée des anges, adressa à Gabriel ces paroles bienveillantes :

Ainsi que tous les anges qui, sur la terre, s'intéressent aux affaires humaines, tu verras clairement aujourd'hui, Gabriel, comment je vais opérer l'accomplissement de ce message pour lequel je t'envoyai naguère auprès d'une chaste vierge de Galilée, afin de lui faire connaître qu'elle donnerait le jour à un fils d'une grande renommée, et qui devait être appelé le Fils de Dieu. Tu lui dis, pour dissiper ses doutes, que le Saint-Esprit viendrait sur elle et que la vertu du Très-Haut la couvrirait de son ombre. C'est ce fils, maintenant adulte, que je vais exposer aux attaques de Satan, afin de montrer qu'il est digne de sa naissance divine et de cette glorieuse prédilection. Qu'il le tente, et que pour cet effet il mette en œuvre tous ses artifices les plus subtils, puisque, dans la foule de ses complices, il se vante et se glorifie de sa grande habileté. Il devrait pourtant avoir appris à être moins arrogant, depuis qu'il échoua auprès de Job, dont la ferme persévérance surmonta tous les maux que put inventer sa cruelle malice. Il saura maintenant que je puis faire naître de la femme un homme encore plus capable de résister à toutes ses sollicitations et même à toute sa force, quelque grande qu'elle soit, et de le chasser de nouveau dans l'enfer, regagnant par cette victoire tout ce qu'a perdu le premier homme surpris par l'astuce. Mais je veux auparavant exercer dans le désert ce fils de la femme : c'est là qu'il doit faire l'apprentissage de la grande lutte qu'il aura à soutenir, avant que je l'envoie pour vaincre, au moyen de sa propre humiliation et de ses pénibles souffrances, le péché et la mort, ces deux grands ennemis. Sa faiblesse triomphera de la force de Satan et du monde entier et de toute cette chair corrompue ; en sorte que tous les anges et tous les pouvoirs célestes d'abord, puis toute la race humaine, pourront reconnaître de quelle vertu consommée j'ai doué cet homme parfait, appelé mon Fils par son mérite, afin qu'il obtienne le salut de tous les fils des hommes.

Ainsi parla le Père Éternel, et tout le ciel saisi d'admiration resta quelques moments en silence ; puis on entonna des hymnes et l'on forma des danses célestes autour du trône en chantant, tandis que des chœurs faisaient entendre ces paroles :

Victoire et triomphe au Fils de Dieu, qui engage maintenant son grand combat pour vaincre, non par les armes, mais par la sagesse, les ruses infernales. Le Père connaît le Fils ; c'est pourquoi il expose sans crainte sa vertu filiale, quoique non encore éprouvée, à toute espèce de tentation, de séduction, d'amorce. Elle fera échouer tous les stratagèmes de l'enfer ; elle rendra vaines toutes les machinations diaboliques.

Ainsi faisaient-ils retentir le ciel de leurs hymnes et de leurs cantiques.

Cependant le Fils de Dieu, qui, depuis quelques jours, demeurait à Behtabara où Jean baptisait, méditait et cherchait dans son esprit la meilleure manière d'entreprendre la grande œuvre du Sauveur de l'humanité et songeait à commencer bientôt le ministère divin pour lequel il est maintenant mûr. Se promenant un jour seul, il fut conduit par l'esprit et entraîné par ses profondes méditations dans une solitude, loin de toute trace d'homme, afin d'y réfléchir plus librement. Les pensées se succédant aux pensées et les pas au pas, il pénétra alors dans le vaste désert qui s'étendait sur la frontière ; ce fut là qu'environné de toutes parts d'ombrages épais et de rochers arides, il poursuivit ainsi ses méditations :

Oh ! quelle foule de pensées s'élèvent à la fois dans mon âme, tandis que je considère ce que j'éprouve au dedans de moi-même, et que j'entends ce qui parvient du dehors à mes oreilles ! Combien elles sont peu d'accord avec mon état présent ! Quand je n'étais encore qu'un enfant, les jeux de mon âge n'avaient point de charme pour moi ; tout mon esprit s'appliquait sérieusement à apprendre et à connaître, et je me proposais en conséquence de faire tout ce qui pourrait contribuer au bien général. Je me sentais né pour cette œuvre, pour répandre toute vérité, pour provoquer toute action louable ; c'est pourquoi, dans les années de mon enfance, j'ai lu la loi de Dieu, et je la trouvai si admirable que j'en fis toutes mes délices ; cette étude m'avait fait parvenir à une telle sagesse, qu'avant la fin de ma douzième année, à l'époque de notre grande fête, étant entré dans le temple pour y entendre les docteurs de notre loi, et leur ayant proposé des questions destinées à accroître mes lumières ou les leurs, je fus admiré de tous. Mais ce n'est pas à un tel succès que j'aspirais ; mon cœur brûlait d'accomplir des actions sublimes, des exploits héroïques ; tantôt je songeais à délivrer Israël du joug romain, tantôt à dompter et à faire cesser sur toute la terre la violence brutale et le pouvoir des tyrans orgueilleux, jusqu'à ce que la vérité fût libre et l'équité respectée. Cependant, il me sembla à la fois plus humain et plus céleste de gagner d'abord des cœurs bien disposés, en employant seulement l'autorité de la parole, et d'opérer par la persuasion l'œuvre ordinaire de la crainte : je résolus enfin de diriger et d'instruire les âmes égarées, celles qui ne pèchent pas volontairement, mais qui dévient par mégarde, et de ne dompter que les rebelles. Ma mère ne tarda pas à voir que je nourrissais de telles pensées dans mon cœur, car elles se trahissaient de temps à autres par mes paroles. La joie dans l'âme, elle me tira à l'écart et me dit : « Tes pensées sont nobles, mon fils ; tu dois les nourrir et les développer jusqu'à ce qu'elles atteignent cette sublimité à laquelle la sainte vertu et le vrai mérite peuvent les élever, quelque grand que soit le modèle qui t'est offert d'en haut. Imite, par des actions supérieures à celles de tout homme, ton Maître sans égal ; car, sache-le, tu n'es pas le fils d'un mortel, bien que les hommes te croient d'une basse naissance. Ton père est le Roi Éternel qui gouverne le ciel et la terre, les anges et les humains. Un envoyé de Dieu a prédit ta naissance : il a annoncé que tu étais conçu en moi quoique vierge ; il a déclaré que tu serais grand, que tu siégerais sur le trône de David et que ton règne n'aurait point de fin. Lors de ta naissance, un chœur glorieux d'anges, dans la plaine de Bethléem, se fit entendre aux bergers qui gardaient leurs troupeaux pendant la nuit ; il leur annonça que le Messie venait de naître, et leur dit où ils pouvaient te voir. Ils vinrent alors auprès de toi, conduits vers la crèche où tu reposais ; car, dans l'hôtellerie, il ne se trouvait de libre aucune place meilleure. Une étoile qu'on n'avait point encore vue, apparaissant dans le ciel, guida de l'Orient jusqu'ici des hommes sages qui vinrent te rendre hommage en t'offrant de l'encens, de la myrrhe et de l'or. Dirigés par sa vive lumière, ils trouvèrent le lieu où tu étais né, affirmant que c'était ton astre nouvellement apparu dans les cieux qui leur avait appris la naissance du roi d'Israël. Le juste Siméon et Anne la prophétesse, avertis par une vision, se rendirent dans le temple pour te voir, et prononcèrent devant l'autel et en présence des prêtres des choses semblables, qui furent entendues de tous ceux qui s'y trouvaient. »

Instruit de tous ces faits par la bouche de ma mère, je relus de nouveau la loi et les prophètes, recueillant ce qui était écrit au sujet du Messie et ce dont nos scribes ne connaissent qu'une partie. Je reconnus bientôt que j'étais celui dont ils parlaient ; j'appris, en particulier, que je devais suivre ma carrière à travers mille épreuves pénibles, même jusqu'à la mort, avant de pouvoir atteindre le royaume promis, ou opérer la rédemption de l'humanité dont tous les péchés doivent retomber sur ma tête. Néanmoins, sans en être découragé ni intimidé, j'attendais le temps déterminé d'avance, lorsque voici Jean-Baptiste, dont j'avais souvent entendu parler, mais que je n'avais point encore vu, vient de paraître ; c'est lui qui devait servir de précurseur au Messie et lui préparer les voies. Je me présentai à son baptême ainsi que tous les autres ; car je le considérais comme venant du ciel ; mais à peine m'eut-il connu, ce qui lui fut révélé d'en haut, qu'il me proclama comme étant celui dont il était l'avant-coureur ; il refusa d'abord de me conférer le baptême, parce que j'étais de beaucoup son supérieur, et n'y consentit qu'avec peine. Mais, lorsque je sortis du courant purificateur, le ciel ouvrit ses portes éternelles, d'où l'Esprit descendit sur moi sous la forme d'une colombe ; enfin, ce qui mit le comble à tous ces témoignages, j'entendis distinctement la voix de mon Père, venant du ciel, qui m'appela son Fils bien-aimé, celui en qui seul il avait mis son affection. Je reconnus par là que le temps d'agir était venu ; que je ne devais plus vivre dans l'obscurité, et qu'il fallait commencer ouvertement mon œuvre de la manière qui convenait le mieux à l'autorité que j'avais reçue du ciel. Maintenant je me sens conduit dans ce désert par je ne sais quelle force mystérieuse, j'ignore dans quel but. Peut-être n'ai-je pas besoin de le savoir ; car Dieu me révèle ce qu'il m'importe de savoir.

Ainsi parle notre étoile du matin alors à son lever ; puis, regardant autour de lui, le Fils de Dieu n'aperçoit de toute part qu'un désert sauvage. Les ombres du soir ne lui ayant pas permis de remarquer le chemin qu'il suivait, le retour était difficile ; il n'y avait point trace de pas d'hommes, et néanmoins Jésus se sentait toujours comme conduit dans ce lieu, tandis que des pensées relatives au passé et à l'avenir, remplissant son âme, lui faisaient paraître une telle solitude bien préférable à la société la mieux choisie. Il y demeura quarante jours entiers, se promenant tantôt sur les collines, tantôt dans quelque vallon ombragé, se reposant chaque nuit à l'abri de quelque chêne antique ou de quelque cèdre, pour se préserver de la rosée; ou bien se retirant dans quelque caverne; c'est ce qui n'a pas été révélé. Avant le terme de ces jours, il ne goûta aucune nourriture humaine et n'éprouva point le sentiment de la faim. Les bêtes sauvages au milieu desquelles il vivait s'adoucissaient à sa vue et ne lui causaient aucun mal, ni durant son sommeil, ni pendant qu'il veillait; le serpent venimeux et l'insecte nuisible fuyaient devant ses pas; le lion et le tigre farouche le regardaient de loin. Quand le temps fut venu, le Fils de Dieu eut faim.

Il vit alors approcher un homme déjà avancé en âge et couvert de vêtements champêtres; cet homme semblait suivre les traces de quelque brebis égarée, tout en recueillant quelques branches de bois sec, afin d'avoir de quoi se réchauffer dans un jour d'hiver, quand le vent souffle avec violence, lorsqu'il serait rentré mouillé dans son logis. Après avoir considéré Jésus d'un œil curieux, il lui adressa ces paroles :

Seigneur, quel fâcheux accident t'a amené dans ce lieu si écarté des chemins que suivent les voyageurs qui marchent en troupe nombreuse! Aucun de ceux qui s'aventurent seuls dans ces déserts n'en revient; il n'est personne qui n'y laisse ses os, après avoir succombé aux tourments de la faim ou de la soif. Ce qui redouble ma curiosité et ma surprise, c'est qu'il me semble reconnaître en toi le personnage que naguère notre nouveau prophète, qui baptise sur les bords du Jourdain, a reçu avec tant de respect et qu'il a appelé le Fils de Dieu. J'en ai été témoin; car nous autres habitants de ce désert, la nécessité nous contraint quelquefois de nous rendre à la ville ou aux villages voisins, dont le plus proche est bien loin d'ici, et de la sorte, nous avons l'occasion d'apprendre ce qui est arrivé de nouveau et de satisfaire notre curiosité. C'est ainsi que la renommée en parvient jusqu'à nous.

Le Fils de Dieu lui répondit : Celui qui m'a amené ici m'en ramènera ; je ne cherche point d'autre guide.

Il le peut sans doute au moyen d'un miracle, repartit l'habitant du désert ; car je ne vois pas comment cela serait possible autrement. Nous ne vivons ici que de racines et de souches dures ; endurcis à la soif mieux que le chameau, nous allons chercher au loin de quoi boire, et dès notre naissance nous sommes habitués à la misère et à la fatigue. Mais si tu es le Fils de Dieu, commande que ces pierres dures se changent en pains ; tu te sauveras ainsi toi-même, et tu nous restaureras par cette nourriture dont des misérables tels que nous goûtent bien rarement.

Il se tut, et le Fils de Dieu reprit : Penses-tu que le pain soit si nécessaire ? N'est-il pas écrit (car je discerne en toi un autre être que tu ne le sembles), n'est-il pas écrit que l'homme ne vit pas seulement de pain, mais de toute parole sortie de la bouche de ce Dieu dont la manne nourrit nos pères dans le désert ? Moïse resta sur la montagne quarante jours sans manger ni boire, et durant quarante jours, Élie, sans prendre aucune nourriture, parcourut ce désert aride ; maintenant je fais de même. Pourquoi donc veux-tu me suggérer des motifs de défiance, puisque tu sais qui je suis, comme je sais qui tu es ?

Le grand ennemi, sans se cacher davantage, lui répondit ainsi : Il est vrai, je suis cet esprit infortuné, qui, ligué avec des millions d'autres, excitai une révolte inconsidérée, et qui n'ayant pas su garder mon heureuse position, fus précipité avec eux du séjour de la félicité dans l'abîme sans fond. Toutefois, je ne demeurai pas confiné dans ce lieu horrible par un ordre tellement absolu, qu'il ne me fût permis de quitter souvent ma douloureuse prison jouissant autour de ce globe terrestre d'une large liberté, ou traversant l'atmosphère ; quelquefois même ma présence a été tolérée dans le ciel des cieux. Je parus au milieu des fils de Dieu, quand l'Éternel livra à mes coups Job le Hutsien, pour l'éprouver et faire briller son rare mérite. Plus tard, lorsqu'il proposa à tous ses anges d'attirer dans un piége l'orgueilleux roi Achab, afin qu'il pût tomber à Ramoth, les voyant hésiter, je me chargeai de cette besogne, et je remplis de mensonges les langues de tous ces prophètes flatteurs, pour l'entraîner à sa perte, comme je m'y étais engagé ; car je fais ce que Dieu me commande. Quoique j'aie beaucoup déchu de ma splendeur native, que j'aie perdu l'amour de Dieu, je ne suis pas dépourvu de la faculté d'aimer, de contempler du moins et d'admirer ce que je vois d'excellent dans le bien, de beau dans la vertu : autrement, j'aurais perdu tout sentiment. N'est-ce pas le moins que je désire de te voir, de m'approcher de toi que je sais avoir été déclaré le Fils de Dieu, d'écouter attentivement tes sages discours et de considérer tes œuvres divines ? On me regarde généralement comme un ennemi de l'humanité ; pourquoi le serais-je ? Les hommes ne m'ont jamais fait ni tort ni violence ; ils ne m'ont pas fait perdre ce que j'ai perdu ; au contraire, c'est à eux que je dois ce que j'ai gagné, et je partage avec eux ces régions du monde que nous habitons en commun, si je n'en suis pas l'arbitre souverain. Je leur prête souvent mon aide ; je les avertis des choses à venir par des présages, des signes, des réponses, des oracles, des prodiges ou des songes, afin qu'ils puissent se conduire avec prudence. C'est l'envie, dit-on, qui me pousse à agir de la sorte, afin d'avoir des compagnons dans ma misère et mon malheur. Au commencement il a pu en être ainsi ; mais, accoutumé depuis longtemps à la douleur, je sais maintenant par expérience que cette communauté de peine n'en diminue pas l'amertume et n'allége en aucune façon le fardeau de chacun. Ce me serait donc une faible consolation que de voir des hommes associés à mon sort. Ce qui m'afflige le plus, et comment n'en serait-il pas ainsi ? c'est que l'homme, l'homme déchu, doit être relevé, et moi jamais.

Notre Sauveur lui répondit ainsi d'un air grave et sévère : Ton chagrin est bien mérité ; car dès le commencement tu n'es qu'un artisan de mensonges et tu mentiras jusqu'au bout. Tu te vantes d'avoir pu t'échapper de l'enfer et pénétrer dans le ciel des cieux : tu es venu, il est vrai, comme un pauvre misérable captif revient à la place où il était assis naguère avec éclat au milieu des chefs ; mais maintenant déposé, rejeté, dépouillé, méprisé, abaissé, indigne de pitié, tu n'es qu'un spectacle de ruine, un objet de risée pour tous les habitants du ciel : le séjour bienheureux ne te procure ni bonheur, ni joie ; au contraire, il accroît ton tourment, en te présentant les bénédictions perdues que tu ne peux plus partager, pas plus dans l'enfer que lorsque tu parais dans le ciel. Mais tu es, dis-tu, obéissant aux ordres du roi des cieux. Prétends-tu attribuer à l'obéissance ce que la crainte t'arrache, ou ce que tu fais pour le plaisir de nuire ? N'est-ce pas ta malice qui t'a poussé à mal juger le vertueux Job, puis à l'accabler de toutes sortes d'afflictions ? Toutefois sa patience en triompha. Une autre fois, tu te chargeas de toi-même de faire prononcer un mensonge par quatre cents bouches (1) ; car le mensonge est ton élément, ta nourriture. Néanmoins tu prétends à la vérité ; c'est à toi que sont dus tous les oracles ; et qu'ont-ils annoncé de vrai parmi les nations ? Ton art a consisté à mêler quelques vérités dans leurs réponses pour répandre plus de mensonges. Mais quelles ont été les réponses de tes oracles ? Si ce n'est des paroles obscures, ambiguës, qui trompaient par leur double sens, que ceux

(1) V. Rois, I, ch. XXII, 18-23.

qui interrogeaient ont rarement comprises ; et ce qui n'est pas compris reste inconnu. Quand ceux qui sont entrés dans ton sanctuaire pour te consulter en sont-ils sortis plus sages, ou mieux instruits, pour éviter ou rechercher ce qui importait à leur sort ? lequel d'entre eux n'est pas tombé plus promptement dans le piége fatal ? Car Dieu a livré justement les nations à tes tromperies, depuis qu'elles se sont adonnées à l'idolâtrie. Mais quand il a le dessein de manifester parmi elles sa providence qui ne leur est pas connue, d'où reçois-tu ta vérité, si ce n'est de lui ou de ceux de ses anges qui président à chaque province, et qui, dédaignant de s'approcher de tes temples, te prescrivent, comme au dernier d'entre eux, ce que tu dois dire à tes adorateurs ? Toi tremblant de crainte, ou tel qu'un parasite servile, tu obéis et puis tu t'attribues l'honneur d'avoir annoncé la vérité. Néanmoins cette gloire te sera bientôt retranchée ; tu ne pourras plus abuser davantage les gentils par tes oracles, qui se tairont désormais. On ne viendra plus te consulter à Delphes ou ailleurs, avec des sacrifices et des cérémonies pompeuses ; ou ce sera en vain, car on te trouvera muet. Dieu a envoyé maintenant son oracle vivant dans le monde, pour enseigner sa dernière volonté, et il veut que son esprit de vérité habite dorénavant dans des cœurs pieux, oracle spirituel qui révèle toute vérité qu'il importe à l'homme de connaître.

Ainsi parla notre Sauveur ; mais l'ennemi plein de finesse et de ruse, quoique rempli intérieurement de dépit et de dédain, dissimula, et lui répondit avec douceur en ces termes : Tu as mis bien de la rigueur dans ta réprimande, et tu m'as reproché sévèrement des actions auxquelles m'a réduit ma misère plutôt que ma volonté. Trouverais-tu facilement un misérable qui ne soit pas souvent entraîné à altérer la vérité, s'il y a pour lui quelque avantage à mentir, à nier, à feindre, à flatter ou à abjurer ? Mais tu es placé au-dessus de moi ; tu es Seigneur, je puis et je dois supporter de ta part des réprimandes ou des censures, et m'applaudir d'être quitte ainsi. Les voies de la vérité sont rudes et pénibles à suivre ; mais il est doux de l'annoncer, il est agréable de l'entendre ; elle est mélodieuse comme le chalumeau champêtre ou les chants des bergers : qu'y a-t-il d'étonnant si je me plais à entendre les sentences de ta bouche ? Bien des gens admirent la vertu, qui ne sont pas capables de l'aimer ; permets-moi de t'entendre, puisque je suis venu ici où d'autres ne viennent pas, et que j'essaie du moins de converser avec toi, bien que je désespère de m'élever à ton niveau. Ton Père, qui est saint, sage et pur, souffre bien que des prêtres hypocrites ou athées foulent ses sacrés parvis, exercent leur ministère auprès de son autel en portant leurs mains sur les choses saintes, en lui adressant des prières et des vœux. Il a même daigné prêter sa voix à Balaam, ce prophète réprouvé ; ne refuse donc pas de te rapprocher ainsi de moi.

Notre Sauveur lui repartit d'un front serein : Je ne souhaite ni ne repousse ta présence ici, bien que je connaisse ton but : agis comme tu en as la permission d'en haut ; tu ne peux rien de plus.

Il n'en dit pas davantage, et Satan, s'inclinant humblement avec une sombre dissimulation, disparut en s'évaporant dans l'air léger. Alors la nuit commença à étendre sur le désert une profonde obscurité, en le couvrant de ses ailes ténébreuses : les oiseaux étaient couchés dans leurs nids, et les bêtes féroces sortaient de leurs repaires pour chercher leur proie.

FIN DU PREMIER CHANT

DEUXIÈME CHANT

Cependant les disciples récemment baptisés, qui étaient restés sur les bords du Jourdain avec le Précurseur, qui avaient vu Celui qui venait d'être d'une manière si expresse, proclamé Messie et déclaré Fils de Dieu, qui avaient cru à cette autorité supérieure, qui avaient conversé et logé avec lui; je veux parler d'André et de Jean, plus tard si illustres, ainsi que d'autres qui ne sont pas désignés dans les livres saints, privés maintenant de la présence de Celui dont la venue leur avait causé tant de joie; joie si promptement évanouie; les disciples, dis-je, commençaient à douter, et cet état d'incertitude durait depuis plusieurs jours; plus cette absence se prolongeait, plus les doutes augmentaient; quelquefois ils s'imaginaient que le Messie pourrait n'avoir été que montré au monde, et rappelé pour un temps auprès de Dieu, comme autrefois Moïse demeura sur la montagne et fut longtemps absent, et comme le grand Thisbite, qui s'éleva au ciel porté sur des roues de feu, pour en revenir un jour. C'est pourquoi, de même que les jeunes prophètes cherchèrent alors avec soin Elie qu'ils croyaient perdu, ainsi les disciples parcoururent les localités voisines de Bethahara, Jéricho, la cité des palmiers, Æson, l'antique Salem, Machœrus, et toutes les cités et les bourgades bâties sur les bords du grand lac de Génésareth, ou dans la Pérée; mais leurs recherches furent vaines. Alors, sur la rive du Jourdain, près d'une petite baie où les vents jouent en sifflant avec les roseaux et les osiers, de simples pêcheurs (on ne les désignait pas d'un nom plus élevé), réunis dans une humble cabane, se lamentaient sur leur perte inattendue et exhalaient ainsi leurs plaintes :

« Hélas! dans quel triste abattement sommes-nous retombés après les sublimes espérances que nous avions conçues! Nos yeux ont contemplé le Messie dont la venue était certaine, Celui que nos pères avaient si longtemps attendu; nous avons écouté ses paroles, admiré sa sagesse pleine de grâce et de vérité. Maintenant, maintenant, cela est sûr, la délivrance est proche; le royaume d'Israël va être rétabli. C'est ainsi que nous nous réjouissions; mais bientôt notre joie s'est changée en perplexité et en nouvel étonnement; car, où est-il allé? quel accident l'a fait disparaître du milieu de nous? veut-il se retirer après s'être montré et prolonger encore notre attente? Dieu d'Israël, envoie ton Messie, le temps est venu; vois les rois de la terre, comme ils oppriment tes élus, à quel point leur injuste pouvoir s'est élevé, comme ils ont rejeté loin d'eux toute crainte de ton bras. Lève-toi, et fais éclater ta gloire; délivre ton peuple de leur joug. Mais attendons; jusqu'à présent il a accompli sa promesse en envoyant son Christ, et il nous l'a révélé par son grand prophète; il l'a particulièrement désigné et montré en public, et nous avons conversé avec lui. Soyons donc contents, et reposons-nous de toutes nos craintes sur sa Providence, il ne nous trompera pas, il ne le rappellera pas, il ne l'éloignera pas ; il ne se jouera pas de nous en retirant celui dont la venue bénie nous avait réjouis. Nous verrons bientôt reparaître l'objet de notre espérance et de notre joie. »

C'est ainsi qu'après avoir exprimé leurs plaintes, ils renaissaient à l'espoir de trouver de nouveau celui qu'ils avaient déjà trouvé sans l'avoir cherché. Pour Marie, sa mère, quand elle vit que les autres revenaient du baptême sans son fils, qu'ils n'avaient pas cependant laissé sur les bords du Jourdain, et sur lequel ils ne pouvaient lui donner aucune nouvelle, bien que son cœur fût aussi calme que pur, ses inquiétudes et ses craintes maternelles prirent de la consistance, et il s'éleva dans son esprit quelques tristes pensées qui se traduisirent en gémissements :

« Oh ! que me revient-il maintenant de ce grand honneur d'avoir conçu de Dieu ? Qu'est-ce que ce salut, cette insigne faveur d'avoir été bénie entre les femmes ? puisque je ne suis pas moins exposée aux chagrins, puisque des craintes aussi graves sont mon partage, bien plus encore que celui des autres femmes, au sujet du fruit que j'ai porté ? Il a vu le jour à un moment où l'on put à peine trouver un abri pour le préserver, lui et moi, des injures de l'air ; une étable fut notre asile, une crèche lui servit de berceau. Bientôt nous fûmes forcés de nous enfuir en Égypte, jusqu'à la mort du roi meurtrier qui en voulait à sa vie, et qui inonda de sang les rues de Bethléem. D'Égypte nous revînmes dans notre demeure à Nazareth, où nous vécûmes bien des années. Sa vie calme et contemplative se passait dans une retraite domestique, de manière à n'inspirer de soupçon à aucun roi. Mais aujourd'hui qu'il a atteint l'âge viril, qu'il a été reconnu, dit-on, comme le Messie par Jean-Baptiste, et qu'il a été déclaré publiquement Fils de Dieu par la voix de son Père céleste, je m'attends à quelque grand changement ; en honneur ? non ; mais en chagrin, ainsi que l'a prédit le vieux Siméon ; car, suivant lui, mon fils sera cause que plusieurs tomberont en Israël et que plusieurs s'élèveront, et comme image de cette prophétie, il m'a annoncé qu'un glaive cruel me transpercerait l'âme. Tel est le lot dont j'ai été favorisée, ma gloire aboutit à des afflictions ; je puis être en même temps affligée et bénie, à ce qu'il semble ; je ne m'en plaindrai pas, je n'en murmurerai point. Mais où s'arrête-t-il maintenant ? Il est caché sans doute pour quelque grand dessein. Quand il avait à peine douze ans, je le perdis ; mais en le retrouvant, je vis bien qu'il ne pouvait s'égarer, et qu'il était occupé des affaires de son Père. Je réfléchis sur le sens de ses paroles ; depuis je les ai bien comprises. Il prolonge encore plus son absence actuelle pour méditer dans la retraite quelque grand projet. Mais je suis accoutumée à l'attendre avec patience ; mon cœur est depuis longtemps comme le dépôt de bien des circonstances, de bien des paroles recueillies, de bien des pronostics d'événements extraordinaires. »

Ainsi Marie, réfléchissant souvent et repassant dans son esprit ce qui était arrivé de remarquable depuis la première salutation qui lui avait été adressée, en attendait l'accomplissement avec une douce humilité. De son côté, Jésus, parcourant le vaste désert, seul, mais l'esprit nourri des plus saintes méditations, descendit en lui-même, et soudain toute sa grande œuvre à venir lui fut révélée : il en vit le commencement, le meilleur moyen d'accomplir le but de sa venue sur la terre, et sa sublime mission. Pour Satan, après avoir insinué adroitement qu'il reviendrait bientôt, il avait quitté Jésus, et s'était transporté rapidement dans les régions moyennes de l'air condensé, où tous ses potentats siégeaient en conseil ; alors, sans donner aucun signe de jactance ou de joie, l'air inquiet, la pâleur sur le visage, il parla ainsi :

« Princes, anciens fils du Ciel, trônes éthérés, aujourd'hui esprits de démons, à chacun desquels ont été attribués les éléments de son règne, et qui devriez être nommés avec plus de justice pouvoirs du feu, de l'air, de l'eau, de la terre, puissions-nous garder notre place et ces siéges paisibles sans nouvelles luttes ! Mais il vient de s'élever, pour nous les ravir, un ennemi qui ne nous menace de rien moins que de nous chasser dans le séjour infernal. Ainsi que je l'avais entrepris, muni des pouvoirs que vous m'aviez donnés par vos votes unanimes, je l'ai trouvé, je l'ai vu, je l'ai sondé ; mais je rencontre une bien autre résistance que lorsque j'ai eu affaire avec Adam, le premier homme. Quoique Adam n'ait succombé que par les séductions de sa femme, il est de beaucoup inférieur à cet homme ; si celui-ci appartient à l'humanité du côté de sa mère, il a été doué par le ciel de dons supérieurs, d'une perfection absolue, d'une grâce divine et d'une force d'esprit capable des plus grandes actions. C'est pourquoi je suis revenu, de peur que le souvenir de mon succès auprès d'Eve, dans le paradis, ne vous fît concevoir à tort l'assurance d'une égale réussite dans ce cas. Je vous invite tous plutôt à vous tenir prêts à me seconder de vos bras ou de vos conseils, afin que moi qui, jusqu'à ce jour, n'ai trouvé nulle part mon pareil, je ne sois pas honteusement vaincu. »

Ainsi parla le vieux serpent, exprimant ses doutes, et de toutes parts il fut accueilli par des acclamations qui lui promettaient un appui docile et dévoué. En ce moment, on vit s'élever au milieu d'eux le plus débauché des esprits qui faillirent, le plus sensuel et, après Asmodée, le plus charnel des démons ; il opina de la sorte : « Placez sous ses yeux et devant ses pas la plus belle d'entre les filles des hommes ; il y en a bon nombre dans chaque contrée dont la beauté l'emporte sur celle du firmament, ressemblant plutôt à des déesses qu'à des créatures mortelles ; gracieuses, discrètes, habiles dans les séductions de l'amour, dont le langage enchanteur persuade quiconque y prête l'oreille; qui savent associer la dignité virginale avec la douceur et la tendresse, mais dont l'approche est périlleuse, dont la retraite s'opère avec adresse, et qui, en s'éloignant, entraînent les cœurs après elles, enlacés dans leurs amoureux filets. De tels objets ont le pouvoir d'adoucir et de dompter les plus sévères tempéraments, de dérider le front le plus sérieux, d'énerver, de corrompre par des espérances voluptueuses, de tromper en inspirant des désirs crédules, de mener à volonté les cœurs les plus virils, les plus résolus, comme l'aimant attire le fer le plus dur. Ce furent les femmes, sans nul autre charme, qui gagnèrent le cœur du plus sage des hommes, Salomon; qui l'engagèrent à élever des temples où il adora leurs dieux. »

Satan lui repartit aussitôt : « Belial, tu juges avec beaucoup d'iniquité tous les autres d'après toi-même, parce que, dès le commencement, tu fus épris d'amour pour les femmes, admirant leur forme, leur teint, leurs attraits gracieux ; il n'y a personne, penses-tu, qui ne soit gagné par de pareils bijoux. Avant le déluge, toi et ta redoutable bande, faussement nommés fils de Dieu, parcourant la terre, vous portâtes vos regards passionnés sur les filles des hommes, vous vous unîtes à elles, et vous donnâtes naissance à une puissante race. N'avons-nous pas vu, n'avons-nous pas ouï-dire comme tu tends tes pièges dans les cours et les palais des rois, aussi bien que dans les bois et les bosquets, au bord des fontaines moussues, dans les vallons ou dans les vertes prairies, pour abuser de quelques rares beautés? Calisto, Clymène, Daphné, Sémélé, Antiope, Amymones, Syrinx, bien d'autres, qu'il serait trop long de rappeler, furent victimes de tes poursuites ; tu les as trompées en prenant la forme de quelques héros adorés, tels que Apollon, Neptune, Jupiter, Pan, Satyre, Faune ou Sylvain. Mais ce genre de commerce ne plait pas à tous; parmi les fils des hommes, combien il en est qui ont dédaigné, avec un léger sourire, la beauté et ses appas, qui ont aisément repoussé ses assauts, portant leurs pensées sur des objets plus nobles! Souviens-toi de ce jeune conquérant venu de Pella; tu sais comme il regarda d'un air nonchalant toutes les beautés de l'Orient, et passa outre sans effort. Rappelle-toi comme celui qui a reçu son nom de l'Afrique, dans la fleur de sa jeunesse, respecta la belle épouse ibérienne. Pour Salomon, il vécut dans l'abondance et la bonne chère, comblé de gloire et de richesses, n'aspirant pas à un bonheur plus grand que de jouir de sa haute position ; c'est pourquoi il resta exposé aux séductions des femmes. Mais celui à qui nous avons affaire est bien autrement sage que Salomon, d'une âme bien plus élevée, créé et préparé pour accomplir pleinement les plus grandes choses. Quelle femme trouverons-nous, fût-elle la merveille et la gloire de cette génération, sur laquelle dans son loisir il daignât abaisser un regard, qui pût faire naître en lui le moindre désir? Lors même que pleine d'assurance, telle qu'une reine adorée, assise sur le trône de la beauté, elle se présenterait environnée de tous les charmes propres à exciter l'amour, ainsi que Vénus, qui, avec sa ceinture, gagna le cœur de Jupiter, comme le rapportent les fables, un seul signe de son front majestueux, qui semble le siège de la vertu, ferait perdre contenance à cette pauvre créature et dissiperait tous ses charmes, abattrait son orgueil ou le transformerait en une crainte respectueuse. Car la beauté n'inspire de l'admiration qu'aux esprits faibles, qui se laissent captiver par elle. Cessez de l'admirer, et toutes ses plumes tombent, et se réduisent à de vils hochets; elle est promptement confondue au premier signe de mépris. En conséquence, c'est avec des moyens plus énergiques que nous devons éprouver sa fermeté; il s'agit de faire briller à ses yeux, avec tout leur éclat, le mérite, l'honneur, la gloire, la faveur populaire, ces écueils contre lesquels les plus grands hommes se sont fréquemment brisés; ou bien d'éveiller en lui ces désirs qui peuvent être légitimement satisfaits, sans violer les lois de la nature. Je sais, par exemple, que maintenant il souffre de la faim dans un vaste désert, où l'on ne saurait trouver de nourriture. Du reste, reposez-vous sur moi, je ne laisserai échapper aucun moyen d'avoir sur lui l'avantage, et je lui ferai subir autant d'épreuves qu'il sera nécessaire. »

Il se tut, et de bruyantes acclamations lui firent connaître l'assentiment de ceux qui l'écoutaient. Sans délai, il prit avec lui une élite d'esprits, ses rivaux en fourberie, afin de les avoir sous la main, prêts à paraître au moindre signe, s'il se présentait une occasion de déployer sur quelque scène l'action commune de diverses personnes. Chacun d'eux savait son rôle. Puis il prend avec eux son vol vers le désert, où, d'une nuit à l'autre, après quarante jours, le Fils de Dieu jeûnait encore. Souffrant à cette heure de la faim, pour la première fois, il se disait en lui-même : « Quand cela finira-t-il ? J'ai passé quarante jours en parcourant ce labyrinthe de bois, sans goûter aucune nourriture, sans éprouver aucun appétit ; je ne me fais pas de ce jeûne un mérite ; je ne tiens aucun compte de ce que j'ai pu souffrir ici ; si la nature ne sent pas le besoin, ou si la protection de Dieu, sans le secours de la nature, nourrit le corps affaibli, quelle vertu y a-t-il à le supporter ? Mais aujourd'hui je sens que j'ai faim, ce qui montre que la nature réclame ce dont elle a besoin ; néanmoins Dieu peut satisfaire ce besoin d'une autre manière, bien que la faim persiste ; si elle persiste sans nuire à ce corps, je me tiendrai content, et je ne redoute rien de fâcheux de cet aiguillon de la famine. Du moins je ne le pense pas, si je me nourris de meilleures pensées, puisque cette nourriture me portera, malgré ma faim, à accomplir encore mieux la volonté de mon Père. »

C'était l'heure de la nuit quand le Fils se parlait ainsi à lui-même dans sa promenade silencieuse ; puis il alla chercher près de là le repos sous un abri hospitalier d'arbres étroitement entrelacés. Il s'y endormit, et il eut des songes tels que l'appétit a coutume d'en provoquer ; songes de mets et de boissons, doux répit de la nature. Il lui semblait qu'il se trouvait auprès du ruisseau de Chérith, et qu'il voyait les corbeaux au bec dur apporter à Élie, soir et matin, de la nourriture, que, malgré leur voracité naturelle, ils savaient respecter. Il vit aussi le prophète, comment il s'était enfui dans le désert, et comment il y dormit sous un genêt, puis comme à son réveil il trouva son souper préparé sur les charbons ; comme il fut invité par l'ange à se lever et à manger, et mangea de nouveau après s'être reposé. La force qu'il puisa dans ce repas le soutint durant quarante jours. Tantôt Jésus le partageait avec Élie, tantôt, hôte de Daniel, il goûtait ses légumes. Ainsi se passa la nuit. Alors l'alouette messagère du jour quitta son nid, s'élevant dans les airs pour guetter l'approche du matin, et le saluer de son chant joyeux. Aussi facilement qu'elle, notre Sauveur quitta sa couche de gazon, et reconnut que tout n'était qu'un songe : il était allé se coucher à jeun, il se réveillait à jeun. Il monta aussitôt sur une colline pour embrasser d'un regard la contrée environnante, pour voir si l'on apercevait quelque cabane, quelque parc de brebis ou quelque troupeau ; il ne découvrit ni cabane, ni troupeau, ni bergerie ; mais il aperçut dans le fond d'un vallon un bosquet délicieux, où gazouillait une troupe bruyante d'oiseaux ; il y dirigea ses pas, dans l'intention de s'y reposer au milieu du jour, et ne tarda pas à pénétrer sous ces vastes dômes de verdure, au-dessous desquels il se promena, parcourant ces sombres allées ouvertes au milieu de ces bois solitaires. On aurait dit une œuvre de la nature elle-même ; car la nature instruit l'art, et un œil superstitieux y aurait vu l'asile des Sylvains et des Dryades.

Jésus portait ses regards de divers côtés, lorsque tout à coup un homme se présenta à lui; cet étranger n'avait rien de rustique, comme la première fois : sa mise était plus convenable. On l'aurait pris pour un habitant de la ville, ou pour un homme élevé à la cour ou dans quelque palais. Il adressa au Fils de Dieu ce discours plein d'habileté :

« Je profite de la permission accordée pour me présenter de nouveau avec respect ; néanmoins je ne puis assez m'étonner que le Fils de Dieu continue à demeurer dans cette sauvage solitude, dépourvu de toutes choses, et, je ne l'ignore pas, souffrant même de la faim. D'autres personnages de quelque renom, selon ce que dit l'histoire, ont foulé de leurs pieds ce désert ; la servante fugitive, accompagnée de son fils, chassée de la maison de son maître, trouva pourtant en ces lieux quelque secours par l'apparition d'un ange ; toute la nation d'Israël aurait souffert ici de la faim, si Dieu n'avait du ciel fait tomber la manne ; et ce fier prophète, natif de Thèbes, voyageant dans ces lieux, fut nourri deux fois par une voix qui l'invitait à manger. Cependant aucun de ces messagers célestes n'a pris garde à toi durant ces quarante jours ; tu as été oublié ici quarante jours, et même davantage. »

Jésus lui dit : « Que veux-tu en conclure ? Ils ont tous eu besoin de manger ; pour moi, comme tu le vois, je ne suis pas dans le même cas.

— Comment se fait-il donc que tu as faim ? répliqua Satan. Parle ; si l'on te présentait à cette heure de la nourriture, ne voudrais-tu pas manger ?

— Cela dépend de celui qui me l'apporte, répondit Jésus.

— Pourquoi cela détermine-t-il ton refus ? dit l'ennemi subtil. N'as-tu pas droit sur toute créature ? toutes les créatures ne te doivent-elles à juste titre obéissance et service, et, sans attendre tes ordres, ne doivent-elles pas mettre à ta disposition toutes leurs facultés ? Je ne parle pas de mets impurs selon la loi, de viandes offertes à des idoles, et que le jeune Daniel eut raison de refuser, ni de mets servis par quelque ennemi, bien que, lorsqu'on est pressé par la nécessité, il soit insensé de s'en faire scrupule. Regarde, la nature confuse, ou pour mieux dire troublée, que tu aies pu souffrir de la faim, a choisi, parmi tous ses éléments, ses mets les plus exquis, pour te régaler comme il convient, toi qui es son seigneur. Daigne seulement t'asseoir et manger. »

Ce qu'il disait n'était pas un songe ; car, à peine eut-il achevé de parler, que le Sauveur, levant les yeux, vit dans un espace libre, au-dessous de l'épais feuillage, une table richement servie, avec un luxe royal, couverte de plats et de mets du meilleur choix et de la meilleure saveur, du gibier à poil et à plume, apprêté sous forme de pâté, ou cuit à la broche, ou bouilli à l'ambre gris ; toute sorte de poissons de mer ou de rivière, ou pris dans quelque ruisseau au frais murmure ; des huîtres ou des moules des espèces les plus recherchées, pour lesquelles on avait épuisé le lac Lucrin, le Pont et la côte d'Afrique. Hélas ! combien elle était simple, comparée à toutes ces délicatesses, la pomme qui tenta Ève ! Puis, auprès d'un magnifique buffet, chargé de vins qui exhalaient le plus agréable fumet, se tenaient en bel ordre de jeunes serviteurs d'une taille élancée, richement vêtus, d'un teint plus éclatant que Ganymède ou Hylas ; à quelque distance, sous les arbres, on voyait tantôt former des danses, tantôt rester dans un repos solennel des nymphes du cortége de Diane et des Naïades, portant des fruits et des fleurs dans des cornes d'abondance ; des Hespérides, plus belles encore qu'on ne les représentait dans les fables, ou que ces fées rencontrées dans les forêts solitaires par les chevaliers de Logres, ou de Lyons, par Lancelot, Pelleas ou Pellenore. Cependant des airs harmonieux d'instruments à cordes ou de flûtes champêtres se faisaient entendre, et des zéphyrs légers, dont les ailes répandaient les parfums les plus suaves de l'Arabie ou ceux des fleurs les plus fraîches, voltigeaient çà et là. Tel était ce splendide festin, et le tentateur renouvela alors son invitation.

« Pourquoi le Fils de Dieu hésite-t-il à s'asseoir et à manger ? Ce ne sont pas des fruits défendus ; aucune loi n'interdit de toucher à ces viandes pures ; l'acte de les goûter ne produit pas la connaissance au moins du mal, mais il soutient la vie, il en détruit l'ennemi, la faim, en procurant un plaisir qui restaure agréablement les forces du corps. Tous ces personnages sont des esprits de l'air, des vents et des fontaines ; tes dociles serviteurs, qui sont venus te rendre hommage, et reconnaissent en toi leur Seigneur. Pourquoi donc tardes-tu ? Fils de Dieu, prends place et mange. »

Jésus lui répondit d'un ton calme et plein de mesure : « Ne dis-tu pas que j'ai pouvoir sur toutes choses ? Et qui s'oppose à ce que je fasse usage de ce pouvoir ? Dois-je recevoir comme un don ce qui m'appartient ? Je puis commander où et quand je le trouve à propos ; je puis, à mon gré, n'en doute pas, aussi promptement que toi, me faire dresser une table dans ce désert, et appeler de rapides essaims d'anges couronnés de gloire prêts à me servir et à me présenter ma coupe. A quoi bon prévenir mes désirs par cet empressement inutile, puisqu'il ne peut pas être agréé ? Et que t'importe ma faim ? Je dédaigne tes pompeuses délices, et je ne vois dans ces dons que tu m'offres, avec une apparence de dévouement, que de purs artifices. »

Satan, désappointé, lui répliqua : « Tu vois pourtant que j'ai aussi le pouvoir de donner. Si j'ai fait usage de ce pouvoir, en t'offrant ce que je pouvais procurer à celui à qui je désirais montrer ma bonne volonté, et si j'ai saisi l'occasion d'aller dans cette solitude au-devant de tes besoins, pourquoi ne pas accepter mes services ? Mais je vois que tout ce que je puis faire ou offrir est suspect ; d'autres disposeront sans hésiter de toutes ces bonnes choses, qu'ils s'étaient donné la peine de recueillir au loin. » A ces mots, table et provisions disparurent soudain, et l'on entendit un bruit semblable à celui des ailes et des griffes des harpies. L'importun tentateur resta seul, et poursuivit en ces termes son œuvre perfide :

« La faim, qui dompte toute créature, ne te fait éprouver aucune douleur, et par conséquent ne saurait agir sur tes sentiments ; d'ailleurs ta sobriété est invincible, car tu ne permets pas à l'appétit d'avoir sur ta volonté aucune influence : tout ton cœur aspire à de nobles desseins, à de grandes actions ; mais de quelle manière s'exécuteront-elles ? De grandes entreprises réclament de puissants moyens. Tu es inconnu, sans amis, d'une basse naissance, tu passes pour le fils d'un charpentier ; tu as été élevé dans la pauvreté et à l'étroit dans ta demeure ; tu es perdu dans ce désert, en proie à la faim. Par quelle voie et en vertu de quel espoir aspires-tu à la grandeur ? sur quelle autorité t'appuies-tu ? Quels sectateurs, quels partisans peux-tu gagner ? Ou bien penses-tu que la multitude inconstante s'attache à tes pas plus longtemps que tu ne pourras la nourrir à tes frais ? C'est l'argent qui procure des honneurs, des amis, des conquêtes et des royaumes. Qui a élevé Antipater, l'Eduméen, et qui a placé son fils Hérode sur le trône de Juda, ce trône qui t'appartient, si ce n'est l'or par lequel il s'est acquis de puissants amis ? Si donc tu veux parvenir à de grandes choses, commence par acquérir des richesses, des biens, par amasser des trésors : la chose ne te sera pas difficile si tu veux suivre mes avis. Je dispose des richesses, la fortune dépend de moi ; ceux que je favorise prospèrent et s'enrichissent promptement, tandis que la vertu, la valeur, la sagesse, restent dans l'indigence. »

Jésus lui répondit sans impatience : « Cependant la richesse, sans ces trois vertus, est incapable de parvenir à la nomination ou de la conserver quand elle l'a acquise. Témoins ces anciens empires de la terre, qui se sont détruits lorsqu'ils étaient au faîte de leur prospérité, tandis que des hommes doués de ces vertus, bien que dans la plus extrême pauvreté, se sont souvent élevés aux plus sublimes actions. Tels furent Gédéon, Jephté et ce jeune berger, dont la race siégea durant tant de générations sur le trône de Juda, et qui doit remonter sur ce trône, et régner sur Israël aux siècles des siècles. Parmi les païens (car je n'ignore pas les faits dignes de mémoire qui ont été accomplis dans le monde), ne peux-tu pas te rappeler Quintius, Fabricius, Curtius, Régulus? J'estime ces noms d'hommes, qui, bien que pauvres, ont pu faire de grandes choses, et mépriser des richesses qui leur étaient offertes par des rois. Et en quoi suis-je incapable, malgré mon indigence, d'accomplir ce qu'ils ont fait, peut-être même davantage? Ne prône donc pas les richesses, cet objet du travail des fous, embarras pour le sage, sinon un piége, plus propre à ralentir la vertu et à abattre son énergie qu'à la pousser à faire ce qui mériter l'estime. D'où vient que je rejette des richesses et des royaumes avec la même aversion? Ce n'est pas parce qu'une couronne, bien qu'elle resplendisse d'or, n'est qu'un tissu d'épines, n'apporte que des dangers, des inquiétudes, des soucis, des nuits sans sommeil, à celui qui porte le diadème royal, quand il charge ses propres épaules du fardeau de tous, car tel est le devoir d'un roi : c'est son honneur, sa vertu, son mérite, sa principale gloire de porter tout ce fardeau pour le bien public. Néanmoins, celui qui règne sur lui-même, qui gouverne les désirs et les craintes des passions, est bien mieux roi; c'est là ce que doit pouvoir faire tout homme sage et vertueux, et quiconque n'en est pas capable, a tort d'aspirer à gouverner les cités des hommes ou des multitudes turbulentes, tandis que l'anarchie règne dans son propre cœur, ou qu'il nourrit des passions déréglées dont il est l'esclave. Conduire les nations dans la voie de la vérité par une doctrine salutaire, les mener de l'erreur à la connaissance, les porter à rendre à Dieu un culte noble et pur, voilà qui est plus digne d'un roi, voilà ce qui élève l'âme, ce qui gouverne l'homme intérieur, la plus noble partie de nous-mêmes. Cet autre pouvoir qui ne règne que sur le corps, et, souvent par la force, ne peut procurer une vraie satisfaction à l'homme généreux qui règne ainsi. Au reste, on a toujours considéré comme une action plus grande et plus glorieuse de donner un royaume que de l'usurper, et, comme bien plus magnanime, celui qui renonce à la couronne que celui qui la prend. Les richesses sont donc superflues tant pour elles-mêmes, que pour le motif pour lequel tu prétends qu'elles doivent être recherchées, pour gagner un sceptre que le plus souvent il vaut mieux refuser. »

FIN DU DEUXIÈME CHANT

TROISIÈME CHANT

Ainsi parla le Fils de Dieu, et Satan resta muet quelques moments, ne sachant ce qu'il pouvait dire et répliquer, confondu et convaincu de la faiblesse de ses raisonnements et de la vanité de son dessein. A la fin, recueillant toutes ses ruses de reptile, il reprit en ces termes pleins d'une douce flatterie, pour le surprendre :

« Je vois que tu sais tout ce qu'il faut savoir, que tu dis tout ce qu'il y a de mieux à dire, comme tu fais tout ce qu'il y a de mieux à faire. Tes actions s'accordent avec tes paroles, tes paroles expriment les sentiments élevés de ton noble cœur, qui offre l'image parfaite de la bonté, de la sagesse, de la justice. Si les rois et les nations venaient te consulter, tes réponses seraient l'oracle d'Urim et Thummin, ces pierres prophétiques qui brillaient sur la poitrine d'Aaron, ou infaillibles comme la langue des anciens voyants. Ou si tu étais appelé à ces exploits que réclament les lois de la guerre, la prudence de ta conduite serait telle que le monde entier ne pourrait soutenir ta valeur, ou rester en ta présence, lors même que tes combattants seraient en petit nombre. Pourquoi donc caches-tu ces vertus divines, affectant une vie retirée, ou même encore plus obscure dans ce désert sauvage ? Pourquoi priver la terre entière de l'admiration que méritent tes œuvres, et toi-même de la renommée et de la gloire, cette récompense qui seule excite à de grandes entreprises, cette flamme des esprits les plus élevés, de ces esprits éthérés, les plus purs et les plus calmes, qui dédaignent tout autres plaisirs, qui regardent comme de la boue tous les trésors, tous les profits, et de tous les honneurs, de tous les pouvoirs, n'aspirent qu'aux plus éminents ? Tu as atteint et même dépassé l'âge viril ; le fils du Macédonien Philippe avait déjà conquis l'Asie et s'était rendu maître du trône de Cyrus ; le jeune Scipion avait déjà abattu l'orgueil Carthaginois ; le jeune Pompée avait soumis le roi du Pont et obtenu le triomphe. Toutefois les années et un jugement mûri par les années n'ont pas coutume d'éteindre la soif de la gloire ; au contraire, cette soif augmente avec l'âge. Le grand Jules, qui excite maintenant l'admiration du monde, plus il avançait en âge, plus il brûlait de l'amour de la gloire ; il pleurait d'avoir vécu si longtemps obscur et ignoré. Au reste, il n'est pas encore trop tard pour toi. »

Notre Sauveur lui répondit avec calme : « Tu ne saurais me persuader ni d'amasser des richesses pour parvenir à l'empire, ni d'aspirer au trône pour recueillir de la gloire, quels que soient tes arguments. Qu'est-ce que la gloire, si ce n'est l'éclat de la renommée, les applaudissements du peuple ? Et ces applaudissements, sont-ils toujours sincères ? Qu'est-ce que le peuple, si ce n'est une multitude confuse, une foule mélangée qui célèbre des actions ou des mérites vulgaires, et qui, à vrai dire, ne sont guères dignes d'éloges ? Les hommes vantent et admirent ce qu'ils ne connaissent pas, se laissant entraîner l'un par l'autre. Quelle satisfaction y a-t-il de se voir exalté par de tels juges, d'être le sujet de leurs discours, d'être applaudi par ceux qu'il serait glorieux de dédaigner ? Le sort de celui qui l'oserait ne serait-il pas singulièrement heureux ? Les gens sages et éclairés sont en petit nombre ; il est bien rare que la gloire résulte de leur opinion ; c'est pourtant la vraie gloire, la solide renommée, celle qui est notre partage, quand l'Éternel, abaissant ses regards sur la terre, remarque avec approbation l'homme juste et le fait connaître dans le Ciel à tous ses anges, qui célèbrent ses louanges avec de sincères applaudissements. Voilà ce qu'il fit pour Job ; tu peux bien t'en souvenir, lorsque, pour répandre sa gloire sous le ciel et sur la terre, il te demanda, comme à ta honte : « As-tu vu mon serviteur Job ? » Cet homme, illustre dans le ciel, était bien moins connu sur la terre, où la gloire est une fausse gloire, attribuée à des choses peu honorables, à des hommes indignes de renommée. Ils se trompent ceux qui se font un titre de gloire d'étendre au loin leurs conquêtes, de ravager de vastes contrées, de remporter des victoires brillantes, d'enlever d'assaut d'opulentes cités. Que font-ils donc ces prétendus héros, que de dévaster, piller, incendier, massacrer, réduire en servitude de paisibles nations, des peuples voisins ou éloignés, bien plus dignes de la liberté que leurs conquérants qui ne laissent que des ruines partout où ils passent, et qui détruisent toutes les œuvres d'une paix prospère ? Alors ils s'enflent d'orgueil, ils se font adorer comme des dieux ; ils se font appeler libérateurs, grands bienfaiteurs de l'humanité ; ils se font rendre un culte dans des temples et offrir des sacrifices par des prêtres qui leur sont consacrés. Celui-ci est le fils de Jupiter ; celui-là est le fils de Mars ; jusqu'à ce que la Mort, qui est le vrai conquérant, montre qu'ils sont à peine des hommes qui se sont laissé abrutir par des vices grossiers, et qui trouvent dans un trépas violent ou honteux leur digne récompense. S'il y avait dans la gloire quelque chose de bon, elle pourrait s'acquérir par des moyens bien différents, sans ambition, sans guerre, sans violence, par des œuvres pacifiques, par une sagesse supérieure, par la patience, la tempérance. Je puis citer encore cet homme qui, supportant avec patience les maux dont tu l'accablas, devint célèbre dans un pays et dans un temps bien éloignés de nous. Qui ne prononce pas aujourd'hui avec éloge le nom de Job? Et le pauvre Socrate, qui peut lui disputer la première place dans la mémoire des hommes? Par son enseignement, par ce qu'il a souffert pour le répandre, en affrontant, pour faire prévaloir la vérité, une mort injuste, il a obtenu une renommée qui égale aujourd'hui celle des plus vaillants conquérants. Néanmoins, s'il faut accomplir quelque chose pour parvenir à la gloire et à la renommée, il faut aussi souffrir. Si le jeune Africain, pour obtenir quelque célébrité, délivra du farouche Carthaginois son pays dévasté, toutefois ses exploits sont restés dans l'ombre, ou du moins lui-même n'a pas joui d'un grand crédit et n'a reçu, pour tout salaire que des louanges. Chercherai-je la gloire comme la cherchent les hommes vains, sans la mériter? Ce n'est pas ma gloire que je cherche, c'est celle de Celui qui m'a envoyé, et c'est par là que j'atteste d'où je viens. »

Le Tentateur lui répliqua en murmurant : « Ne fais pas si peu de cas de la gloire; tu ne ressemblerais guères à ton glorieux Père; car lui aussi cherche la gloire, et c'est pour sa gloire qu'il a fait toutes choses, qu'il ordonne et gouverne l'univers. Non content d'être glorifié dans le ciel par tous ses anges, il veut l'être aussi par les hommes, par tous les hommes, bons ou méchants, sages ou ignorants, sans différence, sans exception. Outre tous les sacrifices, outre toutes les offrandes, il demande la gloire et il la reçoit indistinctement de toutes les nations, Juifs ou Grecs ou Barbares, il n'admet aucune exemption. De nous-mêmes, ses ennemis déclarés, il exige aussi que nous lui rendions gloire. »

« Et ce n'est pas sans raison, reprit Jésus avec chaleur. Puisque sa parole a créé toutes choses, non principalement pour sa gloire comme premier but, mais pour manifester sa bonté et faire participer librement toute âme au bonheur dont elle est susceptible. Le moins qu'il puisse attendre de ses créatures, n'est-ce pas la gloire et la bénédiction, c'est-à-dire la reconnaissance la plus légère, la plus facile, la plus naturelle des récompenses, de la part des êtres qui ne peuvent rien lui offrir en retour et qui, s'ils ne le font pas, ne le payeront, selon toutes les apparences, que par le mépris, la rébellion et les reproches? Singulière récompense, étrange reconnaissance pour un si grand bienfait, pour une telle munificence! Mais comment l'homme rechercherait-il la gloire, lui qui ne possède rien en propre, qui n'a rien à attendre que condamnation, ignominie, confusion? qui, après avoir été comblé de tant de grâces, n'y répond que par l'infidélité, l'ingratitude, le mensonge, et se prive lui-même de tout vrai bien? Bien plus, il revendique pour lui, par un sacrilége, ce qui n'appartient avec justice qu'à Dieu seul. Mais, telle est la bonté, telle est la miséricorde divine, que si quelqu'un s'attache à avancer la gloire du Père et non la sienne propre, elle lui fait alors obtenir la gloire véritable. »

Ainsi parla le Fils de Dieu, et de nouveau Satan se trouva interdit. Il se sentit sous le coup de son propre péché, car c'est parce qu'il fut insatiable de gloire, qu'il avait tout perdu ; mais il eut bientôt recours à une autre défaite :

« Pense comme tu voudras, dit-il, de la gloire ; estime-la digne ou indigne d'être recherchée, peu importe. Mais tu es né pour régner, tu as été destiné à siéger sur le trône de ton ancêtre David, d'où tu es issu par ta mère. Bien que ton droit dépende maintenant d'une main puissante qui ne veut pas céder, il serait facile de la déposséder par les armes. La Judée, il est vrai, et toute la terre promise, réduites en provinces sous le joug des Romains, obéissent à Tibère, mais ce pays n'est pas gouverné par un pouvoir constamment modéré. On a souvent violé son temple, ses lois ; on lui a fait subir de sanglants affronts, on a commis des abominations, comme le fit autrefois Antiochus. T'imagines-tu donc reconquérir ton droit en restant ainsi dans l'inaction ou dans la retraite ? Ce n'est pas ainsi qu'agit Macchabée. Il se retira, il est vrai, dans le désert, mais avec des armes, et il vainquit de la sorte, plusieurs fois, un roi puissant. Aussi par son bras robuste, bien que prêtre, il obtint la couronne pour sa famille et usurpa le trône de David, lui qui naguère se contentait de la colline de Modin et des villages bâtis à l'entour. Si un royaume ne saurait te tenter, que du moins le zèle et le devoir te fassent agir ; le zèle et le devoir ne restent pas oisifs, ils tiennent l'œil ouvert pour saisir l'occasion au passage ; ils font naître eux-mêmes le moment favorable. Montre donc ton zèle pour la maison de ton père David ; remplis ton devoir en délivrant ton pays du joug des païens. C'est la meilleure manière d'accomplir, de vérifier les anciennes prophéties qui ont annoncé ton règne sans fin, ce règne d'autant plus fortuné qu'il commencera plus prochainement. Règne donc, quel avantage peux-tu trouver dans l'ajournement ? »

Notre Sauveur lui répondit en ces termes : « Toutes choses doivent s'accomplir en leur temps, et la sagesse a dit qu'il y a un temps pour toute chose. Si l'esprit prophétique a parlé de mon règne, s'il a dit qu'il doit être sans fin, le Père a aussi arrêté dans ses desseins quand il doit commencer, Lui qui est le maître de tous les temps et de toutes les saisons. S'il a ordonné que je doive auparavant vivre dans un état d'abaissement, au milieu de l'adversité, être soumis aux tribulations, aux injures, aux insultes, aux mépris, aux moqueries, aux piéges, à la violence; que je dois souffrir, pratiquer l'abstinence, attendre tranquillement, avec confiance et sans inquiétude, en sorte qu'il sache ce que je puis supporter, comment je saurai obéir; ne dois-je pas me conformer à sa volonté? Celui qui sait le mieux souffrir, sait aussi le mieux agir; celui-là commande bien, qui a d'abord fidèlement obéi; juste épreuve à subir avant d'obtenir une domination qui ne doit ni changer ni finir. Mais que t'importe le moment où je commencerai mon règne perpétuel? Pourquoi t'inquiéter à ce sujet? Qu'est-ce qui provoque tes questions? Ne sais-tu pas que mon élévation entraînera ta chute, que mon triomphe sera le signal de ta ruine? »

Le Tentateur, malgré ses tourments intérieurs, lui répliqua : « Que la chose arrive quand elle doit arriver, j'ai perdu tout espoir de rentrer en grâce; qu'ai-je à craindre de pire? Celui à qui il ne reste plus d'espérance ne doit pas connaître la crainte; si mon sort pouvait s'aggraver, l'attente de ce surcroît de malheur me tourmenterait plus que le mal même. Je veux qu'il soit extrême; eh bien, c'est là mon port, mon refuge, mon dernier repos : j'attendrai ainsi le terme, mon but final. Mon erreur vient de moi-même, j'ai péché de mon propre mouvement; quelle que soit ma faute, elle a été condamnée pour elle-même; elle sera punie en tout cas, que tu règnes ou non. J'aurais recouru volontiers, il est vrai, à cet air plein de douceur, et j'aurais espéré, d'après cet aspect paisible et ce regard serein, que ton règne devait plutôt alléger qu'aggraver ma peine, qu'il serait comme un intermédiaire entre moi et la colère de ton Père, que je redoute bien plus que le feu de l'enfer, qu'il serait comme une sorte de rafraîchissement, comme un nuage d'été. Si donc je suis impatient de connaître ce malheur extrême dont je suis menacé, pourquoi t'avances-tu d'un pas si lent vers l'avenir le meilleur, vers ce qui doit mettre le comble à ton bonheur et à celui du monde entier, lorsque tu régneras, toi qui es le plus digne du trône? Peut-être tu suspends, plongé dans de profondes méditations, l'exécution d'une entreprise si hasardeuse et si importante. Il n'y a pas lieu de s'en étonner; car, bien que tu réunisses en ta personne tout ce qui peut se trouver de perfection dans l'homme, toute celle dont l'humaine nature est susceptible, comme jusqu'à ce jour tu as vécu en simple particulier, que tu as passé au logis la plus grande partie de ton temps, que tu as à peine visité les villes de la Galilée, que tu n'as séjourné à Jérusalem que peu de jours chaque année, quelles observations pourrais-tu avoir faites? Tu n'as pas encore vu le monde, encore moins sa gloire, les empires, les monarques, leurs brillantes cours, qui sont la meilleure école de l'expérience, qui vous donnent la connaissance la plus prompte et la plus sûre de toutes les choses qui conduisent aux plus grandes actions. L'homme le plus sage qui manque d'expérience sera toujours incertain et timide, semblable à ce jeune homme novice qui, cherchant des ânesses, trouva un royaume; sa réserve le rend irrésolu, circonspect et lui ôte tout courage. Mais je veux te transporter en un lieu où tu achèveras bientôt ce lent apprentissage, et où je ferai paraître à tes regards les monarchies de la terre, leurs pompes et leurs magnificences, et ce spectacle suffira pour t'instruire, toi qui es naturellement si apte à tout savoir, dans les secrets et dans les mystères de la royauté, afin que tu saches comment il faut tenir tête à la puissance des princes. »

A ces mots, tel était le pouvoir qui lui était donné alors, il emporta le Fils de Dieu sur le sommet d'une montagne. C'était une montagne au pied verdoyant de laquelle s'étendait une vaste plaine qui formait un immense circuit, et d'où s'offrait une vue admirable; de ses flancs coulaient deux rivières, dont l'une serpentait dans la campagne, tandis que l'autre s'éloignait rapidement et s'échappait à travers de belles prairies, arrosées par de nombreux ruisseaux, dont elles recueillaient les eaux pour les porter à la mer. La contrée était fertile en blé, en huile et en vin, des pâturages remplis de troupeaux couvraient la plaine et les collines. On voyait de grandes cités environnées de tours, qui paraissaient servir de résidence à de puissants monarques, et la vue s'étendait si loin que l'on apercevait çà et là les landes stériles du désert aride et brûlé. Ce fut sur cette montagne élevée que le Tentateur transporta notre Sauveur et qu'il lui adressa de nouveau la parole.

« Nous avons fait une course rapide ; en passant par dessus les collines et les vallées, les forêts, les champs et les flots, les temples et les tours, nous avons abrégé bien des lieues. De ce sommet tu contemples l'Assyrie et les anciennes frontières de son empire ; tu vois l'Ara et la mer Caspienne ; de ce côté, à l'extrémité de l'orient, coule l'Indus ; l'Euphrate à l'Occident, et souvent ces limites furent dépassées. On aperçoit au sud le golfe Persique et l'Arabie, désert inhabitable. Voici Ninive ; dans l'enceinte de ses murailles on pouvait marcher durant plusieurs jours ; bâtie par Ninus, c'est le siège de cette première monarchie de l'âge d'or ; ce fut la résidence de Salmanazar, dont Israël, dans sa longue captivité, pleure encore le triomphe. Voilà Babylone, la merveille des nations, aussi ancienne que Ninive, mais rebâtie par celui qui, deux fois, emmena en captivité Juda et toute la maison de David ton père, et qui laissa Jérusalem déserte, jusqu'à ce que Cyrus vînt délivrer les Juifs. Tu vois de ce côté Persépolis, la ville qu'il a fondée ; plus loin Bactres, Ecbatane, qui déploie sa vaste étendue ; Hécatompyle, qui montre ses cent portes ; ici est Suze, au bord du Choaspes, ce fleuve couleur d'ambre dont les rois seuls peuvent boire les eaux ; et la grande Séleucie, encore plus célèbre, bâtie par les Macédoniens ou par les Parthes ; Nisibe, Artaxate, Térédon, Ctésiphon, s'offrent à la portée de tes regards. Tout ce pays, conquis sur les princes efféminés d'Antioche, se trouve maintenant sous la domination des Parthes ; ceux-ci, sous la conduite du grand Arsaces, fondateur de cet empire, s'en sont emparés il y a plusieurs générations. Le moment présent est bien propre à te donner l'idée de leur grand pouvoir, car le roi des Parthes vient de rassembler, dans Ctésiphon, toutes ses forces pour marcher contre les Scythes, dont les cruelles incursions ont ravagé la Sogdiane ; il se hâte d'aller au secours de cette province. Tu peux voir, malgré l'éloignement, ses troupes nombreuses, leur aspect martial, les arcs d'acier et les flèches aiguës de ces guerriers, aussi redoutables dans la fuite que dans la poursuite ; ils sont tous à cheval, car c'est dans ce genre de combat qu'ils excellent. Admire comme ils se montrent belliqueux dans cette revue, comme leurs rangs se forment tantôt en losange, tantôt en coin, tantôt en croissant, tantôt en ailes. »

Jésus regarda et vit une foule innombrable sortir des portes de la ville, troupes étincelantes par l'éclat de leurs cottes de maille et de leurs ornements militaires ; leurs chevaux, tout couverts d'acier, n'en sont pas moins agiles et forts ; ils se cabrent sous leurs cavaliers, l'élite et la fleur des provinces qui couvrent l'empire d'une extrémité à l'autre ; les uns viennent de l'Arachosie, de Candahar et de la Margiane ; les autres des montagnes de l'Hyrcanie ou du Caucase et des profondes vallées de l'Ibérie, d'Atropatis jusqu'au port de Balsara. On les voyait se ranger en ordre de bataille, faire rapidement volte-face, et, tout en fuyant, lancer derrière eux une grêle terrible de traits aigus à la figure des ennemis qui les poursuivaient, et les vaincre par cette manœuvre. La plaine, toute couverte d'armures, brillait de l'éclat sombre du fer ; il n'y manquait pas de cohortes de fantassins, ni, à chaque aile, de cuirassiers tout couverts d'acier pour combattre de près ; ni de chariots, ni d'éléphants portant des tours chargées d'archers ; ni de pionniers en grand nombre armés de pioches et de haches pour aplanir les hauteurs, abattre les forêts, combler les vallées, pour élever des retranchements au milieu des plaines ou jeter des ponts sur les rivières orgueilleuses, comme pour les faire passer sous le joug. Après eux venaient des mulets, des chameaux, des dromadaires et des fourgons chargés d'instruments de guerre ; jamais on ne vit autant de forces réunies, ni un camp si vaste. Lorsque Agrican avec tous ses alliés du nord assiégea Albracca, la cité de Gallaphrone, selon le récit des romans, afin de conquérir la main d'Angélique, la plus belle des femmes, fille de ce prince, recherchée en mariage par une foule de vaillants chevaliers, les deux Pagnim et les pairs de Charlemagne, son armée n'était pas plus brillante, ni ses chevaliers plus nombreux.

L'ennemi du genre humain, se flattant que ce spectacle avait fait sur le Fils de Dieu une grande impression, reprit la parole en ces termes : «Afin que tu reconnaisses que je ne cherche point à entraîner ta vertu dans un piége, et que je ne néglige aucun moyen de faire reposer ta sûreté sur de solides bases, écoute et apprends dans quel but je t'ai transporté ici, et je t'ai fait jouir de ce beau spectacle. Bien que ton règne ait été annoncé par les prophètes et par les anges, si tu n'entreprends pas de conquérir ce trône comme l'a fait David ton père, tu ne règneras jamais : en toute chose et pour tout homme, la prédiction suppose des moyens de succès, et si l'on n'use pas de ces moyens, la prédiction est révoquée. Mais supposons que tu prennes possession du trône de David du consentement libre de tous, sans aucune opposition de la part des Juifs ou des Samaritains, comment pourrais-tu espérer d'en jouir longtemps en repos et en sûreté, enfermé entre deux ennemis, tels que les Parthes et les Romains? C'est pourquoi tu dois t'assurer de l'un des deux. Commence par les Parthes qui sont les plus proches voisins, et qui ont montré naguère qu'ils pouvaient désoler ton pays, et emmener captifs ses anciens rois, Antigonus et le vieil Hyrcanus, malgré les

Romains ; tel est mon avis. Je me charge de les mettre à ta disposition ; choisis par quel moyen : la conquête ou l'alliance. Ce n'est que par leur appui que tu recouvreras le pouvoir par lequel seul tu peux réellement te replacer sur le trône de David, comme son légitime successeur ; autrement non. Ainsi tu opéreras la délivrance de tes frères, de ces dix tribus dont ils gardent encore la postérité dans leur territoire ; dix fils de Jacob, deux de Joseph dispersés parmi les Mèdes, sont ainsi perdus loin d'Israël, asservis, comme autrefois leurs pères au pays d'Egypte. L'offre que je te fais te met à même de les délivrer. Si tu les délivres de leur servitude pour les ramener dans leur héritage, alors, mais non pas auparavant, tu règneras plein de gloire sur le trône de David, de l'Egypte à l'Euphrate et bien au delà, et tu n'auras rien à craindre de Rome ni de César. »

Notre Sauveur lui répondit sans s'émouvoir : « Tu as mis devant mes yeux un grand et vain appareil de pouvoir mondain et d'armes fragiles, un équipage considérable de guerre long à préparer et bientôt anéanti ; tu m'as fait entendre des secrets de haute politique, des projets habiles de secours, d'alliances, de batailles, plausibles aux yeux du monde, mais qui n'ont pour moi aucune valeur. Je dois, as-tu dit, mettre en œuvre des moyens de succès, autrement la prédiction reste sans effet et je suis privé du trône. Mon heure, je te l'ai déjà dit, n'est pas encore venue, et tu devrais souhaiter qu'elle fût encore bien éloignée : quand elle aura sonné, sois certain que tu ne me verras pas hésiter à commencer mon œuvre, sans recourir à tes maximes politiques, ni employer cet incommode attirail de guerre que tu m'as montré, qui sert bien mieux à prouver la faiblesse humaine que sa force. Il faut que je délivre mes frères, comme tu les appelles, les Israélites des dix tribus, si j'aspire à régner comme l'héritier légitime de David, et à étendre son sceptre sur tous les enfants d'Israël. Mais d'où te vient ce zèle pour leur délivrance ? Pourquoi donc ne l'as-tu pas montré pour Israël, pour David ou pour son trône, au lieu d'exciter son orgueil à faire le dénombrement du peuple ; ce qui coûta la vie à soixante-dix mille hommes, pendant trois jours de peste? Le zèle qui t'animait alors pour Israël est le même que tu affectes aujourd'hui pour moi. Quant à ces tribus captives, ce sont elles-mêmes qui ont provoqué leur captivité ; elles ont abandonné Dieu pour adorer le veau d'or, les idoles d'Egypte, Baal, Astaroth, et, adoptant toutes les idolâtries des peuples qui les entouraient, avec leurs crimes, qui dépassent en perversité ceux des autres peuples païens, elles n'ont pas imploré avec repentir le Dieu de leurs pères ; mais elles sont mortes dans l'impénitence, et ont laissé une race qui leur ressemble, et qui ne se distingue des Gentils que par une vaine circoncision, et rend à Dieu un culte en le confondant avec les idoles. Dois-je songer à rendre la liberté à une nation qui, affranchie, retournerait tête baissée, sans confusion, sans repentir, sans conversion, à ses dieux de Béthel et de Dan, comme à son ancien patrimoine? Non, qu'elle continue à être asservie à ses ennemis, puisqu'elle adore des idoles avec son Dieu. Il est possible qu'enfin (Dieu lui-même sait en quel temps), se souvenant d'Abraham, elle soit amenée à un repentir sincère par quelque vocation miraculeuse ; qu'à son passage, elle se fasse jour à travers la multitude des Assyriens, lorsqu'elle regagnera avec joie et empressement son pays natal, de même qu'autrefois elle traversa la mer Rouge et le Jourdain, quand elle se rendait à la terre promise. Je l'abandonne à son avenir et à la Providence. »

Ainsi parla le véritable roi d'Israël, en répondant avec douceur à l'ennemi, de manière à déjouer tous ses artifices, comme il arrive quand la vérité combat le mensonge.

IMPRIMERIE DE CERF A VERSAILLES, 59, RUE DU PLESSIS.

QUATRIÈME CHANT

Confus et troublé de son mauvais succès, le Tentateur restait là, ne découvrant pas dans son esprit artificieux ce qu'il pouvait répliquer, après avoir été si souvent déçu dans son espoir ; il avait comme perdu cette éloquence persuasive qui ornait son langage lorsqu'il séduisit si facilement Ève, et qui se trouvait si faible dans cette circonstance. Mais Ève n'était qu'Ève. Maintenant, celui qui l'avait accablée de sa force supérieure, se voyait frustré lui-même et surpris, parce qu'il n'avait pas apprécié d'avance, avec plus de justesse, la puissance contre laquelle il devait lutter et la sienne propre. Tel qu'un homme, qui a été considéré auparavant comme sans pareil en habileté, surpassé dans une occasion où il s'attendait le moins à l'être, afin de sauver son honneur, et en dépit de toutes les chances, veut encore se mesurer avec son vainqueur, et ne peut avouer sa défaite, bien qu'il ne fasse qu'accroître sa honte ; ou tel qu'un essaim de mouches, à l'époque de la vendange, s'élance vers le pressoir où coule la douce liqueur, et revient à la charge en bourdonnant ; ou telles enfin, que des vagues se soulevant contre un roc solide, bien qu'elles s'y brisent toutes, renouvellent leurs assauts, vaine tentative ! et se réduisent en écume ou en vapeur ; de même, Satan, qui n'éprouve que refus sur refus, et qui se voit réduit à un honteux silence, ne cède pourtant pas encore, bien que désespérant du succès, et renouvelle ses vaines importunités.

Il transporta notre Sauveur sur le versant occidental de cette haute montagne, d'où l'on pouvait contempler une autre plaine, s'étendant en longueur, mais d'une largeur peu considérable, baignée par la mer du midi, et, du côté du nord, terminée par une chaîne parrallèle de collines, qui protégeait les productions de la terre et les demeures des hommes, des vents froids du septentrion ; là, prenait sa source une rivière qui arrosait la plaine, et sur les deux bords de laquelle était bâtie une Cité impériale, avec des édifices et des temples qui s'élevaient fièrement sur sept collines, remplie de palais, de portiques, de théâtres, de bains, d'aqueducs, de statues, de trophées et d'arcs de triomphe, de jardins, de bosquets. Ce spectacle se déploya sous les yeux de Jésus, malgré les montagnes qui auraient dû le cacher, je ne sais par quelle étrange parallaxe, ou par quelle illusion optique, multipliée à travers les airs, ou par les verres d'un télescope ; je laisse aux curieux à le décider.

Alors le Tentateur rompit le silence en parlant ainsi : « La ville que tu vois n'est pas autre que la grande et glorieuse Rome, la reine du monde, dont la renommée s'étend si loin, et qui s'est enrichie des dépouilles des nations : là, tu vois le fier Capitole qui domine sur tout le reste du haut de la roche Tarpéienne, cette citadelle imprenable ; là est le mont Palatin, le palais impérial, vaste enceinte, superbe édifice, chef-d'œuvre des plus illustres architectes, qui brille au loin par ses créneaux dorés, ses tours, ses terrasses, ses pyramides resplendissantes ; non loin de là, s'élèvent une foule de beaux palais, que l'on prendrait pour des demeures habitées par des dieux, et j'ai disposé mon microscope aérien de telle manière que tu puisses discerner, au dedans comme au dehors, ces colonnes et ces dômes, ornés de ciselures, par la main des plus célèbres artistes, exécutées sur le cèdre, le marbre, l'ivoire ou l'or. Tourne maintenant tes regards du côté des portes, et vois la multitude qui sort ou qui entre : ce sont des prêteurs, des proconsuls, qui se rendent dans leurs provinces ou qui en reviennent, vêtus de la toge bordée de pourpre, accompagnés de licteurs et des faisceaux insignes de leur dignité, de cohortes, de légions et d'escadrons de cavaliers ; ce sont des ambassadeurs arrivant de contrées lointaines, le long de la voie Appienne ou de la voie Émilienne, et diversement vêtus : les uns viennent des dernières régions australes, de Syène, de Méroé, de l'île de Philœ, où l'ombre ne tombe ni à droite ni à gauche ; ou bien plus à l'occident du royaume de Bacchus jusqu'au lac de Libye ; d'autres, envoyés par les rois de l'Asie et par celui des Parthes, viennent de l'Inde et de la Chersonèse d'or et de l'île de Taprobane, située au-delà de l'Inde ; leur teint est basané, et leurs têtes sont enveloppées de turbans de soie blanche ; d'autres arrivent de la Gaule, de la Bretagne, de Cadix, de chez les Germains, les Scythes et les Sarmates, habitant au nord du Danube, vers la Chersonèse Taurique. Toutes ses nations sont maintenant soumises à Rome : elles obéissent au puissant empereur romain, qui, par ses vastes domaines, ses richesses, son pouvoir, par sa renommée répandue au loin, par l'urbanité, l'habileté dans les arts, la valeur militaire de ses sujets, doit l'emporter de beaucoup à tes yeux sur le monarque des Parthes. A l'exception de ces deux empires, les autres peuples sont barbares, à peines dignes d'attention, obéissant à des princes peu puissants, trop éloignés du centre des affaires du monde. En te montrant ces deux grands empires, je t'ai fait voir tous les royaumes de la terre et toute leur gloire. L'empereur romain n'a point de fils, il est avancé en âge, vieux et débauché ; il a quitté Rome pour se retirer à Caprée, île peu considérable, mais d'un abord difficile, située près des rivages de la Campanie, avec l'intention de se livrer sans contrainte et en secret à ses infâmes déréglements. Abandonnant à un ministre pervers, qui jouit de sa faveur, toutes les affaires publiques, il est néanmoins en proie aux soupçons, abhorré de tous et détestant tout le monde. Combien il te serait facile, doué comme tu l'es des vertus royales, te faisant connaître et commençant ta carrière par de nobles exploits, de chasser ce monstre d'un trône dont il a fait un lieu de prostitution, et y montant à sa place, de délivrer d'un joug honteux un peuple victorieux ! Tu peux y parvenir avec mon appui ; le pouvoir m'a été donné, j'en use en ta faveur, et je te le cède. Aspire donc à l'empire du monde entier ; aspire à ce qu'il y a de plus élevé : si tu ne parviens pas à la domination suprême, tu ne saurais t'asseoir sur le trône de David, ou y demeurer longtemps quoi qu'en aient dit les prophètes. »

Le Fils de Dieu lui répondit avec calme : « Toute cette grandeur, cet appareil imposant de luxe et de richesse que l'on appelle magnificence, pas plus que ce grand déploiement de puissance militaire que tu m'as présenté auparavant, ne sauraient captiver mes regards et encore moins mon cœur. Tu aurais pu ajouter aussi leurs banquets somptueux, leurs festins splendides, leurs excès de bonne chère, leurs tables de bois de citronnier ou de marbre de l'Atlas ; car j'en ai aussi entendu parler, peut-être même l'ai-je lu ; tu aurais pu mentionner leurs vins de Setia, de Cales, de Falerne, de Chio, de Crète ; leurs coupes d'or, de cristal, enduites de myrrhe, garnies de pierres précieuses et entourées de perles ; ces détails seraient intéressants pour quelqu'un en proie à la soif et à la faim. Tu me vantes encore ces ambassades envoyées par des nations lointaines ou voisines ; quel honneur ! mais aussi quel ennui, quelle perte de temps d'écouter assis sur un trône, tant de louanges vaines et mensongères, tant de flatteries extravagantes ! Puis tu me parles de l'Empereur, qui pourrait être facilement vaincu, dont la défaite me couvrirait de gloire. Je dois, dis-tu, chasser ce monstre cruel ; ne faudrait-il pas en même temps expulser le démon qui l'a rendu tel ? Sa conscience lui servira de bourreau. Ce n'est pas pour le renverser que j'ai été envoyé, ni même pour délivrer ce peuple naguère victorieux, maintenant vil et rampant, et qui a mérité son asservissement ; qui autrefois juste, frugal, humain, modéré, a conquis glorieusement, mais gouverné d'une manière inique, les nations soumises à son joug ; dépouillant les provinces qui sont toutes épuisées par ses rapines, ou pour satisfaire à ses dispendieux plaisirs ; ces Romains, épris d'abord de l'ambition du triomphe, cette pompe orgueilleuse et insultante, puis rendus féroces, en s'accoutumant à voir couler dans leurs jeux le sang des bêtes qui se battent entre elles et celui des hommes exposés aux bêtes ; devenus pas leurs richesses, passionnés pour le luxe et toujours plus insatiables et corrompus par leurs spectacles journaliers. Quel homme sage et brave voudrait tenter la délivrance de ce peuple dégénéré qui s'est asservi lui-même ? qui pourrait de ces cœurs esclaves faire des hommes vraiment libres ? Sache donc que, lorsque l'heure viendra pour moi de siéger sur le trône de David, mon règne sera semblable à un arbre qui s'étendrait sur toute la terre pour le couvrir de son ombre ; ou bien à une pierre qui briserait toutes les monarchies existant dans le monde, et qu'il n'aura point de fin. Il se trouvera des moyens pour qu'il s'établisse, mais quels sont ces moyens ? c'est ce qu'il ne t'appartient pas de savoir, et ce que je ne dois pas révéler. »

Le Tentateur lui répliqua avec impudence : « Je vois avec quel dédain tu repousses toutes mes offres, et tu les rejettes parce que c'est moi qui les propose. Rien ne saurait te plaire ; tu es soupçonneux et tes scrupules sont extrêmes ; tu ne sais rien faire de mieux que de contredire. Cependant je veux que tu saches à quel point j'estime les offres que je te fais, et combien je suis éloigné de tenir pour peu de chose les avantages dont je veux te faire part. Tout ce que tu embrasses du regard, tous ces royaumes du monde, je te les donne ; car ils m'ont été donnés et je les donne à qui me plaît ; ce n'est pas un don à dédaigner ; mais j'y mets une condition indispensable ; il faut te prosterner et m'adorer comme ton supérieur et ton seigneur, hommage facile, et reconnaître que tu les tiens de moi. N'est-ce pas le moins que mérite un don si considérable ? »

Notre Sauveur lui fit cette réponse dédaigneuse : « Ton langage ne m'a jamais plu, encore moins tes offres ; maintenant j'abhorre également et celles-ci et celui-là, après que tu as eu l'audace d'articuler les termes abominables de ton impie condition. Mais je prends patience jusqu'à ce que soit expiré le temps pendant lequel il t'est permis d'agir sur moi : Il est écrit, et c'est le premier commandement : «Tu adoreras le seigneur ton Dieu, et tu le serviras lui seul ; » et tu oses proposer au Fils de Dieu de t'adorer, toi maudit ? qui as encore aggravé cette malédiction par cette nouvelle tentative, bien plus hardie et plus impie que celle que tu fis auprès d'Eve ; attends-toi donc à l'expier. Les royaumes du monde, dis-tu, t'ont été donnés; dis plutôt abandonnés à tes malversations et usurpés par toi ; tu ne peux produire aucune autre donation. Et quand ils seraient donnés, par qui le seraient-ils ? Si ce n'est par le roi des rois, par le Dieu suprême, maître de toutes choses ? S'il te les a donnés, de quelle généreuse gratitude tu te montres animé ! Mais il y a longtemps que la reconnaissance est tarie en toi. Es-tu donc si dépourvu de crainte ou de pudeur, que tu oses me les offrir, à moi Fils de Dieu ? m'offrir ce qui m'appartient, sous cette condition abominable de me prosterner et de t'adorer comme Dieu ! Arrière de moi ! c'est à cette heure que tu te montres avec évidence, comme le mal personnifié, Satan damné pour toujours. »

Saisi de crainte et confus, l'ennemi du genre humain lui repartit : « Ne te montre pas si gravement offensé, Fils de Dieu ; car les anges et les hommes sont aussi Fils de Dieu, et j'ai voulu m'assurer si tu portes ce titre à un degré supérieur ; c'est pourquoi je t'ai proposé de me rendre un hommage que je reçois des hommes et des anges, de ces tétrarques qui président au feu, à l'air, à l'eau et à la terre, ainsi que des nations qui habitent sur toute la surface du globe : je suis invoqué comme le Dieu de ce monde et de celui qui est au dessous. Il m'importe plus qu'à tout autre de m'assurer si tu es Celui dont la venue doit, suivant les prophéties, m'être si fatale. L'épreuve ne t'a été nullement contraire ; tu en as plutôt retiré plus d'honneur et d'estime ; je n'y ai rien gagné, je dois même renoncer à ce que je me proposais d'obtenir. Laissons donc les royaumes de ce monde qui ne doivent durer qu'un temps ; je ne t'en parlerai plus, range-les sous ta domination comme tu pourras, ou non, cela te regarde.

« Tu sembles aspirer à quelque chose de plus noble qu'à une couronne mondaine ; tu préfères te livrer à la contemplation et à des recherches profondes, ainsi que l'annonçait ce trait de ton enfance, lorsque, échappant à l'œil maternel, tu te rendis seul dans le temple, où tu fus trouvé, au milieu des plus graves docteurs, discutant sur des sujets et des questions convenables à la chaire de Moïse, enseignant mais non enseigné. L'enfance annonce l'homme, comme le matin annonce le jour. Sois donc illustre par ta sagesse, et comme ton empire doit s'étendre sur tout l'univers, que ton esprit embrasse du moins en connaissance le monde entier et tout ce qu'il contient. Toute la science n'est pas contenue dans la loi de Moïse, dans le Pentateuque et dans les écrits des Prophètes; les Gentils aussi, conduits par la lumière naturelle, connaissent, écrivent, enseignent des choses dignes d'admiration, et tu dois conférer avec les Gentils, les dirigeant par la persuasion selon tes vues. Si tu es étranger à leur savoir, comment veux-tu t'entretenir avec eux, ou qu'ils s'entendent avec toi? Comment veux-tu discuter avec eux, réfuter leurs superstitions, leurs traditions, leurs paradoxes? C'est avec ses propres armes qu'il faut vaincre l'erreur. Avant que nous quittions notre poste d'observation, regarde encore une fois du côté de l'occident, en te tournant un peu vers le midi : une cité se montre sur les côtes de la mer Egée ; elle est pleine de beaux édifices ; l'air y est pur et le sol léger ; c'est Athènes, l'œil de la Grèce, la mère des arts et de l'éloquence, la patrie ou le séjour hospitalier de nobles génies, qui trouvent dans ses aimables solitudes, au milieu de la ville ou dans les environs, des promenades ombragées où ils se livrent à l'étude. Voici le bosquet d'oliviers d'Académus, l'asile de Platon, où le rossignol fait entendre durant l'été les notes si rapides et si variées de ses chants ; voici le mont Hymette dont les fleurs attirent l'industrieuse abeille, qui, par son léger bourdonnement, invite à des méditations sérieuses; là, l'Ilyssus roule ses ondes au frais murmure. Au dedans des murs, tu peux voir les écoles des anciens sages, le Lycée où enseignait celui qui prépara le grand Alexandre à subjuguer le monde ; non loin de là se trouve le Portique, orné de peintures. C'est dans cette ville que tu pourras apprendre par l'expérience le secret pouvoir de l'harmonie, au moyen des tons et des nombres marqués par la voix et par le geste, les diverses mesures des vers qui donnent tant de charmes aux odes des poètes Eoliens et Doriens, et aux chants bien supérieurs de celui qui les a tous inspirés, de l'aveugle Mélésigène, appelé plus tard Homère, dont Phébus revendique les poèmes pour son propre ouvrage. C'est de la même source que les sublimes tragiques, dans leurs chœurs et dans leurs iambes, ont tiré leurs graves enseignements, ces excellents préceptes de prudence morale, qui, accueillis avec faveur sans forme de brèves sentences, rappellent à l'homme les lois du destin, l'inconstance de la fortune, les vicissitudes de la vie humaine, en mettant sous ses yeux le spectacle de nobles actions et le tableau fidèle des grands passions. C'est là, que tu pourras te former sur le modèle de ces grands orateurs anciens dont l'irrésistible éloquence dirigeait à leur gré cette fière démocratie, ouvrait les arsenaux et lançait ses foudres par dessus la Grèce, jusqu'en Macédoine et au trône d'Artaxercès. Prête aussi l'oreille aux leçons de cette philosophie descendue du ciel dans la modeste demeure de Socrate. Voilà où habitait celui que l'oracle bien inspiré déclara le plus sage des hommes, de la bouche duquel coulèrent les flots d'une douce persuasion, qui arrosèrent toutes les écoles des académiciens anciens et nouveaux, ainsi que celles des Péripatéticiens, des Epicuriens et des sévères Stoïciens. Etudie leurs doctrines dans ces lieux, ou, si tu le préfères dans ta pauvre demeure, jusqu'à ce que le temps t'ait rendu mûr pour supporter le poids d'un sceptre. Leurs préceptes feront de toi un prince accompli, régnant sur lui-même, et dont la sagesse paraîtra bien mieux à la tête d'un empire. »

Notre Sauveur lui fit cette sage réponse : « Ne pense pas que je connaisse ces choses, ou plutôt pense que je ne les connais pas, et néanmoins, je n'ignore pas ce que je dois savoir. Celui qui reçoit sa lumière d'en haut, de la source même de la lumière, n'a pas besoin d'une autre doctrine, lors même qu'elle serait reconnue vraie. Mais ces doctrines dont tu parles sont fausses, ou ne sont guères que des rêveries, des conjectures, des fictions qui ne reposent sur aucune base solide. Le premier et le plus sage de tous ces docteurs avouait ne savoir rien de plus que son ignorance. Son premier disciple se laissa aller à imaginer des fables et des idées séduisantes. Une troisième école douta de toute chose, même du bon sens; d'autres ont placé le bonheur dans la vertu; mais cette vertu doit être accompagnée de richesses, d'une longue vie, des plaisirs des sens et exempte d'inquiétudes et de soucis; enfin le Stoïcien, dans son orgueil philosophique, qu'il appelle vertu, et avec son sage, homme vertueux, parfait en lui-même, qui possède tout aussi bien que Dieu, fait souvent rougir de ne pas préférer la vertu, en craignant Dieu et non l'homme, en méprisant toute richesse, tout plaisir, toute peine et tout tourment, la mort et la vie; la vie qu'il abandonne quand il le veut, ou qu'il se vante plutôt de perdre à son gré. Mais tout ce verbiage fastidieux n'est qu'une vaine jactance ou de subtils expédients pour échapper à la conviction. Hélas! que peuvent-ils enseigner, et comment ne se tromperaient-ils pas, s'ignorant eux-mêmes et connaissant encore moins Dieu, ne sachant pas comment le monde a commencé, comment l'homme est tombé, dégénéré par lui-même et ne dépendant que de la grâce? Ils parlent beaucoup de l'âme, mais tout ce qu'ils en disent est entaché d'erreur; ils cherchent la vertu en eux-mêmes; ils s'attribuent toute la gloire pour n'en point rendre à Dieu; ils le désignent plutôt sous les noms ordinaires de la fortune et du destin, comme un être qui ne s'occupe nullement des affaires des mortels. Celui donc qui cherche la vérité chez ces docteurs ne la trouve point, ou bien, jouet d'une illusion, ce qui est bien pis, il n'en saisit qu'une fausse image, un vain fantôme. Au reste un trop grand nombre de livres, comme t'ont dit les sages, est une source de fatigues et d'embarras; celui qui les lit sans cesse, et sans apporter à cette lecture un esprit et un jugement égal ou supérieur (or, à quoi bon chercher ailleurs ce que l'on porte en soi?), celui-là reste toujours incertain et sans principes, profondément versé dans la science des livres, mais d'un jugement superficiel, sans maturité, ou plein de préjugés, recueillant des bagatelles et des niaiseries, comme si c'étaient des pensées de choix, et qui ne valent rien de plus qu'une éponge; il ressemble à ces enfants qui ramassent des cailloux sur le rivage. Et si je voulais charmer mes heures de loisir par la musique ou par la poésie, où trouverai-je mieux que dans notre langue nationale une semblable distraction?

Toute notre loi, toute notre histoire est remplie d'hymnes; nos psaumes sont composés avec beaucoup d'art; nos chants et nos harpes, qui plaisaient tellement aux oreilles de nos vainqueurs à Babylone, montrent assez que c'est plutôt la Grèce qui a emprunté de nous ces arts; mais elle les a mal imités, en les consacrant à célébrer avec pompe les vices de ses divinités et les siens propres, dans des fables, des odes et des chants, où elle représente ses dieux ridicules, en perdant elle-même toute honte. Retranche de ces poèmes les épithètes pompeuses, semblables au fard épais qui couvre les joues d'une courtisane, le reste s'évanouit bientôt sans laisser ni plaisir ni profit, et ne soutiendra point la comparaison avec les cantiques de Sion, qui plaisent tellement à tous ceux dont le goût est pur, ces cantiques dans lesquels Dieu, le saint des saints, est dignement célébré, ainsi que les hommes de Dieu, ces saints personnages divinement inspirés et non par toi. Je n'en excepte que les poèmes où la vertu morale est peinte par la lumière naturelle qui n'est pas entièrement perdue parmi les hommes. Tu vantes leurs orateurs comme ayant atteint le faîte de l'éloquence; ce sont d'habiles politiques, qui aiment leur patrie, à ce qu'il semble, mais ils sont bien loin d'égaler nos prophètes; ceux-ci sont éclairés par une lumière céleste, et enseignent bien mieux, dans leur style si noble et si naturel, les règles véritables du gouvernement des cités, que tous les discoureurs de la Grèce et de Rome. Dans leurs écrits, on trouve clairement expliqué et facilement enseigné ce qui rend une nation heureuse et la conserve dans sa prospérité; ce qui ruine les royaumes et renverse les cités, ce sont ces préceptes qui, avec notre loi, sont les plus propres à former un monarque. »

Ainsi parla le Fils de Dieu ; mais Satan, à bout de voie, car tous ses artifices avaient échoué, répliqua ainsi d'un air grave: «Puisque ni les richesses, ni les honneurs, ni les armes, ni les arts, ni trône ou empire, n'ont pour toi de charmes ou de valeur; puisque tout ce que je te propose pour acquérir la gloire ou la renommée par une vie contemplative ou active, est rejeté par toi, que fais-tu dans ce monde? Le désert est la place qui te convient le mieux; c'est là que je t'ai trouvé, et c'est là que je veux te ramener. Cependant, souviens-toi de ce que je te prédis : bientôt tu auras des motifs de regretter d'avoir ainsi repoussé, avec tant de scrupule et de prudence, l'aide que je t'ai offerte et par laquelle tu serais monté promptement et facilement sur le trône de David ou sur le trône du monde entier. Maintenant que tu es parvenu à l'âge viril, le temps est arrivé, c'est le moment marqué où les prophéties qui te concernent peuvent le mieux s'accomplir. Au contraire, si je sais lire quelque chose dans le ciel, ou si le ciel annonce quelque chose de la destinée, d'après ce que les étoiles immenses ou de simples caractères qui se trouvent en conjonction, me permettent de lire, voici des chagrins et des fatigues, l'opposition, la haine te menacent; tu dois t'attendre à des moqueries, à des reproches, à des injures, à la violence, aux coups, et finalement à une mort cruelle. Ces signes annoncent bien pour toi un royaume, mais quel royaume ? réel ou allégorique, je ne discerne pas, ni quand; éternel, sans doute, n'ayant ni commencement ni fin ; car aucune date précise ne me dirige dans le cercle étoilé. »

En parlant ainsi, il saisit le Fils de Dieu ; car il savait que son pouvoir sur lui n'était pas encore expiré ; il le rapporta dans le désert et l'y laissa, feignant de disparaître. Alors l'obscurité commença, le jour baissa et se transforma en une nuit douteuse, sa sombre progéniture, être insaisissable, où il n'y a que privation de lumière et absence de jour. Notre Seigneur, sans aucune irritation, sans aucun trouble, après sa course aérienne, bien que souffrant de la fatigue, de la faim et du froid, se disposa à prendre du repos où que ce fût, à l'abri de quelque ombrage, dont les branches étroitement entrelacées pussent le protéger contre la rosée et l'humidité de la nuit. Mais cet abri et ce sommeil ne lui procurèrent aucun soulagement ; car le Tentateur veillait à son chevet, et ne tarda pas à troubler son repos par des songes pénibles. Alors commença à gronder le tonnerre des tropiques et celui des deux pôles ; les nuées entrouvertes de toutes parts laissent échapper des torrents de pluie mêlée d'éclairs ; l'eau et le feu conspirent à la destruction ; les vents rugissent dans leurs antres profonds ; bientôt ils se précipitent des quatre coins du monde et viennent s'abattre sur le désert bouleversé, dont les pins élancés, malgré leurs puissantes racines, et les chênes les plus robustes inclinent leurs cimes tourmentées, fléchissant sous les assauts des vents orageux ou mis en pièces tout d'un coup. Tu n'avais alors plus d'abri, ô patient Fils de Dieu ! néanmoins tu restais ferme et inébranlable. Les causes de terreur ne se bornèrent pas là : des esprits infernaux et des furies affreuses t'environnèrent, les uns hurlaient, les autres rugissaient, d'autres criaient, quelques-uns dirigeaient contre toi leurs dards enflammés ; tandis que, sans pâlir, tu conservais un air calme et la paix de l'innocence. Ainsi se passa cette nuit horrible ; jusqu'à ce qu'une matinée sereine vînt éclairer de sa douce lumière les pas du pèlerin ; de son doigt radieux elle fit taire le roulement du tonnerre, dissipa les nuages, apaisa les vents et chassa ces hideux spectres, que l'ennemi avait appelés pour ébranler par la frayeur le Fils de Dieu.

Déjà le soleil de ses rayons plus puissants avait réjoui la face de la terre et séché les gouttes qui humectaient les plantes et les arbres. Les oiseaux, qui voyaient une nouvelle fraîcheur et une verdure plus vive répandue autour d'eux après une nuit si agitée et si désastreuse, faisaient entendre leurs plus doux accents dans les bosquets et parmi les branches, pour saluer l'aimable retour du matin. Cependant, au milieu de cette joie et de cette brillante nature, après tout le désordre qu'il avait causé, le prince des ténèbres n'était pas absent ; il voulut même paraître satisfait de cette belle scène, et se présenta à notre Sauveur ; mais il n'avait conçu aucun nouveau dessein, il avait tout épuisé ; désespérant un meilleur succès, il voulait par un dernier affront satisfaire sa rage et décharger son extrême dépit d'avoir été tant de fois repoussé. Il trouva Jésus se promenant sur une colline découverte, ombragée au nord et à l'ouest par un bois épais ; il sortit du bois sous sa forme accoutumée, et parla ainsi d'un ton dégagé : «Fils de Dieu, voici une belle matinée après une nuit affreuse. J'ai entendu le fracas de l'orage ; la terre et le ciel semblaient vouloir se confondre ; mais j'étais éloigné, et ces secousses que les mortels redoutent comme dangereuses pour les appuis de la voûte des cieux ou pour les fondements inférieurs de la terre, sont pour l'univers aussi légères, aussi inoffensives, sinon salutaires, qu'un éternuement pour le corps de l'homme, et ne durent que peu de temps. Cependant, comme elles se trouvent nuisibles aux hommes, aux animaux et aux plantes, là où elles se déclarent ; comme elles causent des ravages et des désordres, de même que les séditions dans les affaires des hommes ; souvent aussi elles présagent et annoncent des malheurs à ceux sur la tête desquels elles éclatent et qu'elles semblent menacer.

» Cette tempête s'est principalement déchaînée sur ce désert à cause de toi ; car tu és le seul des humains qui y séjourne. Ne t'ai-je pas dit que tu auras lieu de te repentir, si tu laisses échapper le moment favorable qui t'est offert, avec mon aide, pour prendre possession du siége qui t'est destiné; que, si tu veux tout abandonner au caprice du sort, et persister dans ta marche pour parvenir au trône de David, on ne sait quand, car le temps et la manière ne sont indiqués nulle part, tu éprouveras quelque regret ? Il en sera de toi ce qui a été décidé sur ton sort, sans doute ; puisque les anges l'ont proclamé, tout en taisant l'époque et les moyens. Pour qu'une action soit tout à fait bonne, il ne suffit pas qu'elle soit conforme au devoir, il faut aussi qu'elle soit faite à propos. Si donc tu n'y prends pas garde, sois sûr que tu rencontreras, ainsi que je te l'ai prédit, un rude assaut de dangers, d'adversités, de peines, avant que tu puisses saisir le sceptre de David. C'est de quoi cette nuit sinistre, qui t'a environné de tant de terreurs, de tant de prodiges, qui t'a fait entendre tant de voix menaçantes, a pu t'avertir, comme un signe précurseur infaillible. »

Il parlait ainsi tandis que le Fils de Dieu continuait sa marche sans s'arrêter, mais il lui répondit en peu de mots : « Je n'ai éprouvé d'autre inconvénient que d'être mouillé, ces terreurs dont tu parles ne m'ont causé aucun mal ; je n'ai jamais craint qu'elles pussent produire autre chose qu'un bruit incommode, et qui se bornait à des menaces. Ce qu'elles peuvent faire, comme présages ou comme signes de mauvais augure, je le méprise ; car ce ne sont que de faux prodiges, qui ne viennent point de Dieu, mais de toi. Sachant que je dois régner, malgré tous les empêchements que tu pourrais susciter, tu m'importunes par tes offres de secours et d'appui, afin que, si je les acceptais, je parusse du moins tenir de toi toute ma puissance. Esprit ambitieux ! Tu voudrais être regardé comme mon Dieu, et tu soulèves des tempêtes, parce que je t'ai refusé, t'imaginant de m'effrayer à ton gré ! Tes desseins sont découverts, tu te fatigues en vain ; cesse de me molester inutilement. »

L'ennemi rempli de rage, lui répliqua : « Eh bien, écoute Fils de David, né d'une vierge ; car maintenant j'ai lieu de douter que tu sois le Fils de Dieu. J'avais entendu dire que le Messie était prédit par tous les prophètes ; aussitôt que je fus instruit de ta naissance, arrivée enfin, suivant l'annonce de Gabriel, et des chants entonnés par les anges dans les plaines de Bethléem, qui la nuit où tu naquis te célébrèrent comme le Sauveur nouveau-né ; dès ce moment je n'ai guère cessé de t'observer durant ton bas-âge, ton enfance, ta jeunesse et ton âge mûr, bien que tu fusses élevé sous le toit domestique, jusqu'au jour où, m'étant rendu avec toute la foule sur les bords du Jourdain, auprès de Jean-Baptiste, mais non pour être baptisé, je t'ai entendu proclamer par une voix céleste le Fils bien aimé de Dieu. Dès lors, je jugeai que tu méritais de ma part une observation plus intime, un examen plus attentif, afin d'apprécier à quel degré et dans quel sens tu as été appelé Fils de Dieu, titre qui peut s'entendre de plusieurs manières. Moi aussi, je suis ou je fus le Fils de Dieu, et si je le fus, je le suis encore, la parenté subsiste. Tous les hommes sont fils de Dieu ; cependant j'estimais que tu avais été déclaré tel dans un sens plus relevé. Je veillai donc sur tes pas dès cette heure, et je te suivis jusque dans cette solitude, où, par les conjectures les mieux fondées, je conclus que tu dois être mon fatal ennemi. J'ai donc des motifs bien plausibles de chercher d'avance à connaître mon adversaire, à savoir qui il est et ce qu'il est ; quelle est sa sagesse, sa puissance ; quels sont ses desseins, d'essayer de le gagner ou d'obtenir de lui ce que je pourrai, par des conférences ou des accords, par une trêve ou une ligue, et j'ai trouvé ici une occasion favorable pour te mettre à l'épreuve, pour te passer au crible. Je confesse que tu t'es montré aguerri contre toute tentation, aussi ferme qu'un roc de diamant, aussi inébranlable que le centre du monde ; que tu es parvenu au plus haut point que puisse atteindre un simple mortel, aussi sage que vertueux, mais rien au-delà ; car on a déjà vu des hommes qui ont dédaigné les honneurs, les richesses, le trône, la gloire, et l'on en verra encore. C'est pourquoi, pour m'assurer que tu es plus qu'un homme, que tu es digne d'être proclamé Fils de Dieu par une voix céleste, je dois maintenant employer un autre genre d'épreuve. »

A ces mots il enleva notre Seigneur, et sans avoir besoin des ailes d'un hippogriffe, il l'emporta à travers les airs, par dessus le désert et par dessus la plaine, jusqu'à ce qu'ils vissent au-dessous d'eux Jérusalem, la cité sainte, montrant ses hautes tours et son Temple glorieux plus haut encore, dont le faîte ressemble de loin à une montagne d'albâtre, et qui est couvert de spirales dorées. Ce fut là sur la flèche la plus élancée, que Satan porta le Fils de Dieu ; puis il ajouta ces paroles railleuses : » Tiens-toi debout ici, si tu veux ; il faut quelque adresse pour se maintenir en équilibre. je t'ai transporté sur la maison de ton Père, et je t'ai choisi la place la plus élevée, qui est aussi la meilleure. Montre maintenant ton origine, sinon en restant ferme, du moins en te précipitant : tu peux le faire sans risque, si tu es le Fils de Dieu ; car il est écrit : Il commandera à ses anges de veiller sur toi, ils te porteront dans leurs bras, de peur que tu ne heurtes ton pied contre une pierre. » — « Mais, lui dit Jésus, il est aussi écrit : tu ne tenteras pas le Seigneur ton Dieu. » Et il demeura calme et immobile.

Alors Satan, stupéfait et confondu, tomba. Tel le fils de la Terre, Antée, pour comparer les petites choses aux grandes, combattit à Irassa avec le fils de Jupiter, et bien que souvent terrassé, il se relevait toujours, recevant de la terre, sa mère, de nouvelles forces ; fortifié par sa chute, il engageait la lutte avec une nouvelle furie, jusqu'à ce qu'enfin, enlevé du sol, il fut étouffé en l'air, expira et tomba : de même, après maint échec, l'orgueilleux Tentateur, renouvelant ses attaques, tomba, au milieu de son insolence, du lieu où il s'était placé pour voir tomber son vainqueur.

Tel aussi ce monstre Thébain, qui proposait son énigme et dévorait quiconque ne la devinait pas ; lorsqu'elle fut enfin comprise et expliquée, transporté de chagrin et de dépit, il se précipita la tête la première du haut du rocher Isménien ; de même, frappé de terreur et d'angoisse, l'ennemi tomba, et, emporté vers la foule de ses sujets, qui siégeait pour délibérer, leur annonça le triste résultat de ses espérances de succès, la ruine, la désolation et l'épouvante, pour avoir osé, avec tant d'arrogance, tenter le Fils de Dieu. Ainsi tomba Satan ; et soudain, semblable à un globe ardent, une troupe d'anges passa près de là en volant de toute la rapidité de leurs ailes. Ils reçurent le Sauveur au milieu d'eux, et, le soutenant sur le tapis moelleux de leurs plumes, ils le transportèrent à travers un ciel serein ; puis ils le déposèrent sur un banc de gazon dans un vallon fleuri, et dressèrent devant lui une table couverte des mets célestes ; des fruits divins de l'ambroisie, cueillis sur l'arbre de vie, et la boisson d'immortalité puisée à la source de vie, le désaltérèrent bientôt de ses fatigues, et réparèrent ses forces, si toutefois la faim ou la soif les avaient affectées ; et, tandis qu'il mangeait, des chœurs d'anges célébraient par des hymnes célestes sa victoire sur la tentation et sur l'orgueilleux Tentateur :

« Fidèle image du Père, soit que tu siéges dans le sein de la bénédiction et que tu réfléchisses la lumière primitive, ou que, éloigné du ciel, enveloppé dans une tente charnelle et sous une forme humaine, tu parcoures le désert ; quelle que soit ta place, ta figure, ta condition ou ta carrière, tu te présentes toujours comme le Fils de Dieu, revêtu d'une force divine contre l'agresseur du trône de ton père et le séducteur du Paradis. Dans des temps très reculés, tu l'as vaincu et tu t'es précipité du ciel avec toute son armée ; aujourd'hui, tu as vengé la défaite d'Adam, et, en triomphant de la tentation, tu as reconquis le Paradis perdu et dépouillé le fourbe de sa conquête. Désormais il n'osera plus mettre le pied dans le Paradis pour en tenter les habitants ; ses pièges sont renversés ; car, bien que ce séjour de la bénédiction terrestre soit détruit, un Paradis plus merveilleux est fondé maintenant pour Adam et sa race élue, que tu es venu, comme Sauveur, rétablir ici-bas, où ils demeureront en sécurité quand le temps sera venu, sans avoir à craindre ni la tentation ni le Tentateur. Quant à toi, serpent infernal, tu ne régneras plus longtemps ; enfermé dans un nuage, ainsi qu'un astre d'automne ou un éclair, tu tomberas du haut du ciel, foulé sous les pieds du Fils de Dieu. Voici, avant que tu ressentes ta blessure, cette blessure qui n'est ni la dernière, ni la plus redoutable, à cause de ce refus que tu viens d'éprouver, et qui ne te vaudra point de triomphe ; Abaddon maudit de toute manière ta téméraire entreprise. Apprends à trembler dorénavant devant le Fils de Dieu ; bien que désarmé, il te chassera, toi et tes légions, par la terreur de sa voix, de tes forteresses infernales, hideux empire. Elles prendront la fuite en hurlant, et imploreront la grâce de se cacher dans un troupeau de porcs, de peur qu'il ne leur commande de se précipiter dans l'abîme, où, enchaînés, ils seraient livrés aux tourments avant le temps. Salut, Fils du Très-Haut, héritier de deux mondes, vainqueur de Satan. Entre maintenant dans ta glorieuse carrière, et commence ton œuvre pour le salut du genre humain. »

C'est ainsi qu'ils glorifiaient dans leurs chants le Fils de

Dieu, notre bon Sauveur, et qu'ils célébraient sa gloire.

Restauré par son repas céleste, il se mit en marche avec joie, et, sans être remarqué, il revint au logis dans la demeure de sa mère.

FIN.

Errata des feuilles précédentes.

Page 32, ligne 23, au lieu de l'Eduméen, lisez l'Iduméen.
— 33 — 19 — mériter, — mérite.
— 43 — 14 — l'Ara, — l'Araxe.
— 45 — 11 — Pagnim, — Paynim.
— Ib. — 33 — les plus, — tes plus.

Versailles. — Imp. Cerf, rue du Plessis, 59.

www.ingramcontent.com/pod-product-compliance
Lightning Source LLC
LaVergne TN
LVHW051459090426
835512LV00010B/2244